* 9 7 8 8 1 9 4 2 6 9 9 9 1 *

گل بوٹے سلور جوبلی سیریز

بچّوں کی نظمیں

(حفیظؔ جالندھری)

مرتّب

محمد شریف عبدالمجید

محرّک

فاروق سیّد، مدیر گل بوٹے

بچوں کی نظمیں – حفیظ جالندھری

مرتب : محمد شریف عبدالمجید

محرک : فاروق سیّد

ناشر : گل بوٹے پبلی کیشنز، ممبئی

بسلسلۂ گل بوٹے سلوَر جوبلی جشن – ستمبر 2019ء

کمپوزنگ : یسریٰ گرافکس، پونہ

سرورق : ریحان کوثر، کامٹی

ملنے کے لیے رابطہ : 09867169383 (کوثر احمد)

09892461465 (محمد شریف)

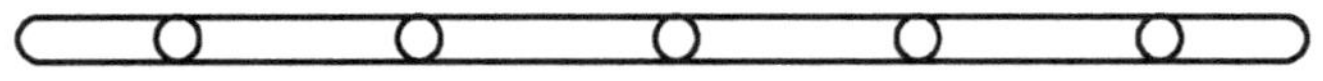

ISBN: 978-81-942699-9-1

Bachchon ki Nazmein - Hafeez Jalandhari

Compiler: Mohammed Sharif Abdul Majeed

Motivator: Farooque Sayyed

Publisher: Gul Bootey Publications, Mumbai

Commemorating Gul Bootey Silver Jubilee Celebration - Sept. 2019

انتساب

والدِ مرحوم

امیر صاحب داؤد صاحب شیخ

اور

والدۂ مرحومہ

سکینہ بی امیر صاحب شیخ

کے نام

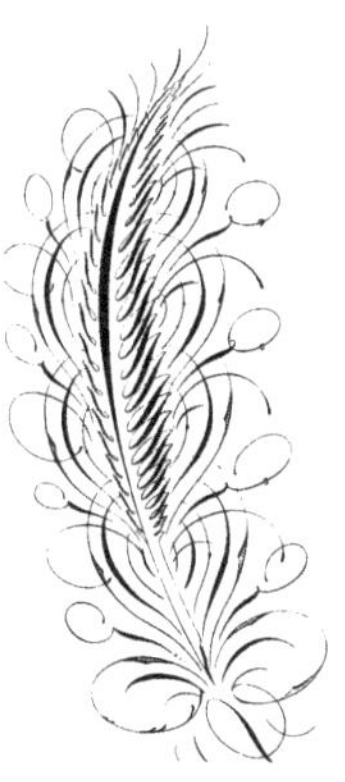

منجانب

سلیم امیر شیخ

عرضِ ناشر

پیارے بچو!

السلام علیکم ورحمۃ اللہ!

آج کا دن اور یہ خوب صورت موقع ہمارے لیے کسی انمول تحفے سے کم نہیں۔ آج ہمارا پسندیدہ رسالہ ماہنامہ 'گل بوٹے' ممبئی اپنی تیسیس کے پچیس سال مکمل کر رہا ہے۔ اس پرمسرت موقع پر ہم اللہ ربّ العزت کی بارگاہ میں نذرانۂ تشکر پیش کرتے ہیں جس نے ہمیں یہ مبارک دن دِکھایا۔ 'گل بوٹے' کی اشاعت کے پچیس برس مکمل ہونے پر ہم اپنے ان تمام ننھے ساتھیوں کو دلی مبارکباد پیش کرتے ہیں جو اپنے پسندیدہ رسالے سے ابتدا ہی سے جڑے رہے۔ جنھوں نے گل بوٹے کو اپنا رسالہ سمجھا، اس کا ہر مہینے بڑی شدت سے انتظار کیا، اسے پابندی سے خریدا، اس کے خوب صورت مشمولات کو پسند کیا، اس کی قیمتی باتوں کو ذہن نشین کرکے ان پر عمل کیا۔ ان تمام ساتھیوں کو بھی مبارکباد جو گل بوٹے کی ترویج و ترقی اور اسے گھر گھر پہنچانے میں ہمیشہ کوشاں رہے، اس کی ترتیب و اشاعت میں اپنے قیمتی مشوروں سے نوازا، مشکل ترین حالات میں اپنی توجہ اور تعاون سے گل بوٹے کے کم سواد مدیر کی ڈھارس بندھائی، گل بوٹے ٹیم کی کوششوں کو سراہتے ہوئے ان کی حوصلہ افزائی کی، گل بوٹے کے ساتھ سفر کرتے ہوئے اپنے بچپن کو لڑکپن اور لڑکپن کو نوجوانی میں تبدیل کیا۔ آج کا دن ان تمام ننھے فرشتوں اور نوجوان دوستوں کے لیے نوید جانفزا لے کر آیا ہے اور آج یہی تمام ساتھی مبارکباد کے مستحق ہیں۔ آپ تمام کو کامیابی و کامرانی کے یہ پُرمسرت لمحات بہت بہت مبارک ہوں!

عزیز ساتھیو! ہمارے ملک میں بچوں کے رسائل کی تاریخ درخشاں رہی ہے۔ ایک زمانہ تھا جب ملک کے مختلف شہروں سے بڑی تعداد میں بچوں کے رسائل نکلتے تھے۔ آج بھی قدرے کم تعداد میں سہی لیکن بچوں کے رسائل برابر نکل رہے ہیں۔ ممبئی جیسے اُردو آبادی والے بڑے شہر سے ایک عرصے سے بچوں کے ایک معیاری رسالے کی ضرورت محسوس کی جاتی تھی۔ اللہ کا شکر ہے کہ اس نے ہمیں توفیق بخشی اور ہم نے اللہ کا نام لے کر تن تنہا اس راہ پر قدم بڑھایا اور دیکھتے ہی دیکھتے گل بوٹے کے تئیں ہمارے جنون نے پچیس بہاریں مکمل کر لیں۔ اگرچہ زمانے کی نظر میں پچیس برس کوئی بڑی مدت نہیں ہوتی لیکن کسی رسالے کے لیے اور وہ بھی اُردو زبان میں بچوں کے رسالے کے لیے یہ ایک بہت بڑی مدت ہے۔ یہ ایک ایسی مدت ہے جسے کسی جنون یا دیوانگی کے سہارے ہی پورا کیا جاسکتا ہے۔ ان پچیس برسوں میں گل بوٹے نے ترقی کے کئی رنگ دیکھے۔ پہلے پہل اسے سادے کاغذ پر یک رنگی شائع کیا گیا۔ پھر پرنٹ میڈیا میں آئے انقلابات پر لبیک کہتے ہوئے آرٹ پیپر اور مکمل رنگینی کو اپنایا۔ اِس دوران گل بوٹے زمانے کے شانہ بہ شانہ چلتا رہا لیکن اس نے تعلیمی، اخلاقی اور تہذیبی رہنمائی کے اپنے مشن سے صرفِ نظر نہیں کیا بلکہ فکری طور پر پوری قوت سے اپنے مشن پر ہمیشہ گامزن رہا۔

ہمیں اس حقیقت کا اظہار کرتے ہوئے بڑی مسرت ہو رہی ہے کہ جیسے ہی ہم اپنی تاسیس کے پچیسویں سال کی طرف بڑھ رہے تھے، ہم گل بوٹے کی سلور جوبلی کچھ منفرد انداز میں منانے کا سوچ رہے تھے اور جلد ہی ہم نے یہ عزم کیا کہ گل بوٹے کی پچیسویں سالگرہ پر ہم بچوں کے ادب کو نادر موضوعات پر پچیس کتابوں کا تحفہ دیں گے۔ الحمد للہ! ثم الحمد للہ! ہمیں خوشی ہو رہی ہے کہ اللہ تعالیٰ نے ہمارے اِس عزم کی لاج رکھ لی اور ہم آج مختلف موضوعات پر پچیس کتابیں شائع کرنے میں کامیاب ہوئے ہیں۔

بچوں کے ادب پر یہ پچیس کتابیں گل بوٹے کے ادارۂ تحریر کے رفقا 'ٹیم گل بوٹے' کی محنتوں کا ثمرہ ہے۔ ان کتابوں میں ٹیم گل بوٹے نے ان تمام موضوعات کو سمیٹنے کی کامیاب

کوشش کی ہے جو اُردو میں بچوں کے ادب کے زریں عہد کے گواہ ہیں۔ یہ وہ موضوعات ہیں جو اب نایاب نہیں تو کمیاب ضرور ہیں البتہ یہ بھی حقیقت ہے کہ آج کسی ایک جگہ دستیاب نہیں۔ ٹیم گل بوٹے نے موضوعات کے انتخاب سے لے کر کتاب کی ترتیب و تدوین تک جس محنتِ شاقہ کا ثبوت فراہم کیا ہے اس کے لیے میں بحیثیت مدیر اور ناشر تمام مرتبین کا شکر گزار ہوں۔ ناسپاسی ہوگی اگر اس موقع پر اپنے عزیز دوست اور بال بھارتی پونہ کے اُردو افسر خان نوید الحق انعام الحق صاحب کا شکریہ ادا نہ کریں جن کی کرشماتی شخصیت نے کتابوں کی ترتیب سے لے کر سلور جوبلی تقریبات کے انعقاد تک ہر مشکل مرحلے میں ہمارے کندھے سے کندھا ملا کر کام کیا۔ ہر مرحلے پر ثابت قدمی دِکھاتے ہوئے کام کی پہل کی، اپنے وسیع تجربات کی روشنی میں کٹھن مراحل کو آسان بنا دیا اور اپنے آپ کو دامے درمے سخنے کلی طور پر اس کام کے لیے وقف کر دیا۔ اِن احسانات کو صرف محسوس کیا جا سکتا ہے۔

زیرِ مطالعہ کتاب 'بچوں کی نظمیں، حفیظ جالندھری' جناب محمد شریف عبد المجید نے مرتب کی ہے۔ آپ نے حتی الامکان اسے خوب سے خوب تر بنانے کی کوشش کی ہے اس لیے ادارہ گل بوٹے جناب محمد شریف عبد المجید کا دل کی گہرائیوں سے شکریہ ادا کرتا ہے۔

آپ کے اپنے ماہنامے 'گل بوٹے' کے جشنِ سیمیں کے موقع پر ہم ان تمام قلمکاروں، مراسلہ نگاروں اور قائین کا شکریہ ادا کرتے ہیں جنھوں نے گزشتہ ربع صدی کے دوران ہر مرحلے پر ہمارا تعاون کر کے حوصلہ بڑھایا ہے۔ ہمیں اُمید ہے کہ بچوں کے ادب پر یہ پچیس کتابیں آج کے حالات میں ادبِ اطفال کی راہ متعین کرنے میں مشعلِ راہ ثابت ہوں گی۔ آپ کی گرانقدر آرا کا ہمیں انتظار رہے گا۔

والسلام

فاروق سید

حفیظؔ جالندھری بہ ضمن ادبِ اطفال

ابوالعصر حفیظؔ جالندھری کا شمار اُردو ادب کے نامور شعرائے کرام میں کیا جاتا ہے۔ آپ نے صغر سنی ہی سے شعر گوئی میں طبع آزمائی کا آغاز کر دی تھی۔ تقسیمِ ہند کے بعد پاکستان ہجرت کی اور سرزمینِ پاکستان پر اُردو ادب کی بے لوث خدمات انجام دیتے رہے۔ ایک موقع پر موصوف نے بزبانِ خود اس بات کا اعتراف کیا تھا کہ آپ ''داغؔ دہلوی کو اپنا استاد مانتے ہیں'' حالانکہ اس زمانے میں عوامی شاعر اکبر الہ آبادی، شمس العلماء مولانا الطاف حسین حالیؔ اور شاعرِ مشرق علامہ اقبال کبھی حیات تھے۔ ان شخصیات کی موجودگی کے باوجود موصوف نے داغؔ دہلوی کو اپنا استاد تسلیم کیا تھا۔ آپ کی شاعری میں چند ایک موقعوں پر داغؔ دہلوی کا انداز و اسلوب جھلکتا ہے۔ شاعری کے ابتدائی دور میں داغؔ کے اشعار میں اپنے اشعار ملا کر داغؔ ہی کی زمین میں اشعار کہنے کے عادی ہو گئے تھے لیکن مولانا گرامی نے ان سے کہا تھا کہ وہ داغؔ کی تقلید سے گریز کریں۔ کہا کہ ''اگر تم نے داغؔ کے رنگ میں کمال بھی حاصل کر لیا تو وہ کمال تمہیں داغؔ کی بنا پر حاصل ہوگا۔ بہتر ہے کہ آپ خود اپنی شناخت پیدا کریں۔''

حفیظؔ جالندھری نے اپنے فن میں خوب کمال حاصل کر لیا تھا۔ وہ غزلوں، نظموں اور گیتوں کی بذاتِ خود ترنم ایجاد کر لیا کرتے تھے۔ حفیظؔ خود اپنے فن کے متعلق گویا ہیں،

,,تشکیل و تکمیل کے فن میں حفیظؔ کا جو حصہ ہے، نصف صدی کا قصہ ہے۔ دو چار برس کی بات نہیں۔،،

شعرگوئی کی خداداد صلاحیتوں کے مالک حفیظ جالندھری نے عشقِ مجازی میں خوب نمایاں کلام پیش کیا۔ انھیں عشقِ حقیقی سے بھی خاص شغف تھا۔ حفیظ جالندھری کو اپنے دین اسلام سے بے حد محبت تھی۔ انھیں ملک اور جان سے بھی زیادہ اپنے مذہب سے پیار تھا۔ اس بات کا ثبوت ان کی مشہورِ زمانہ طویل نظم ،،شاہنامۂ اسلام،، ہے۔ وہ اپنے کلام کی سادگی اور لہجے میں پختگی کے لیے پہچانے جاتے تھے۔ حفیظؔ کی مقبول عام نظم ،،ابھی تو میں جوان ہوں،، سن کر ایسا محسوس ہوتا ہے کہ شاعر اپنے کلام سے عوام کو محظوظ کرنے کا کام ہی نہیں کر رہا ہے بلکہ وہ عوام کو انقلابی بنانے اور جوانوں کی طرح اپنی سوچ رکھنے کی تلقین کر رہا ہے۔ ایسے نوجوان جو اپنی قوم و ملت کے لیے ،،شاہین،، کی مانند بلند پرواز رکھتے ہوں۔

حفیظؔ کا ایک اور کلام جس کی وجہ سے انھیں مقبولیت ملی وہ ،،ترانہ پاکستان،، ہے۔ ایک بہترین ملکی ترانے کے تعین کے لیے سات سو بائیس ترانے ترانہ کمیٹی کو دستیاب ہوئے۔ جس پر مسلسل چار سال غور و فکر کے بعد تمام ترانوں کو مسترد کر دیا گیا اور حفیظ جالندھری کے ذمے از سرِ نو اس کام کو سونپا گیا اور انھوں نے ترانہ پاکستان تخلیق کرکے اپنی خداداد صلاحیت کا لوہا منوایا۔

حفیظؔ نے ادبِ اطفال میں بھی اپنے فن کو خوب آزمایا اور اپنی پروازِ تخیل سے بچوں کے لیے بہت نظمیں لکھیں۔

زیرِ نظر کتاب میں حفیظؔ جالندھری کی ادبِ اطفال سے متعلق نظموں اور گیتوں کو یکجا کرنے کی ایک کوشش کی گئی ہے۔ میں، اس کتاب کی اشاعت کے لیے ادارہ گل

بوٹے کے مدیر سید فاروق کا بہ صمیم قلب مشکور ہوں کہ موصوف نے اِس کتاب کی تدوین
وترتیب کے لیے مجھے ذمہ داری سونپی۔ اسی طرح خان نوید الحق انعام الحق صاحب کا بھی
ممنون ہوں کہ انھوں نے اس کتاب کی ترتیب میں رہنمائی فرمائی۔

567، نظام پورہ، نزد گورنمنٹ ہاسپٹل،

اندری روڈ، پوسٹ لکھن واڑہ،

تعلقہ کھام گاؤں، ضلع بلڈانہ 444 303

M.: 9892461465

mohammedsharifmulla@gmail.com

محمد شریف عبدالمجید

تیری منزل دور

تیری منزل

دور

مسافر

تیری منزل دور

نظارے اس آب و گل کے

رہزن ہیں تیری منزل کے

نغمہ ہو یا رنگِ گل ہو

سن پردے ہیں نگاہِ دل کے

تو ہے طالبِ نور

مسافر

تیری منزل دور

دل بستگی سے

تیری منزل

دور

مسافر

تیری منزل دور

لیلیٰ کے محمل سے نکل جا

شیریں کی محفل سے نکل جا

حسن و ادا دونوں کے در پر
دل رو کے تو دل سے نکل جا
دل سے نہ ہو مجبور
مسافر
تیری منزل دور

رہبانیت اور خودکشی سے

تیری منزل
دور
مسافر
تیری منزل دور
کوہ و بیاباں جن کا ٹھکانا
ان کی راہ نہ ہرگز جانا
ہمت سے اور فکر سے عاری
قیس بیچارا اِک دیوانہ
کوہکن اِک مزدور
مسافر
تیری منزل دور

تیری منزل

دور

مسافر

تیری منزل دور

دنیا کے بازاری دھندے

زر کے گنگا جمنی پھندے

کیا اندھی ہے دُنیا جس پر

اندھے ہیں دُنیا کے بندے

عاجز اور مغرور

مسافر

تیری منزل دور

حور و قصور سے

تیری منزل

دور

مسافر

تیری منزل دور

جس میں نہ ہو چلنے کا یارا

وہ کر لے جنت کو گوارا

شیخ کو لینے دے یہ سہارا

یہ بے چارہ ضعف کا مارا

حور سے ہے مسحور

مسافر

تیری منزل دور

خالی عقل و فکر سے

تیری منزل

دور

مسافر

تیری منزل دور

جس منزل کی تجھ کو لگن ہے

اس منزل کی راہ کٹھن ہے

اس منزل تک عشق ہی جائے

عقل بچاری خستہ تن ہے

فکر وہاں معذور

مسافر

تیری منزل دُور

عکس تجلی سے

تیری منزل

دور

مسافر

تیری منزل دور

راہ میں حامل کوہ سینا

جس کی چوٹی پہلا زینہ

دل آئینہ ہے تو تجھ پر
جھلکیں گے انوارِ مدینہ
بجلیوں میں مستور
مسافر
تیری منزل دور

جذباتی تسلی سے

تیری منزل

دور

مسافر

تیری منزل دور

اور بڑھیں تو قیامت ٹوٹے

روشنیوں کا چشمہ پھوٹے

موسیٰ نے پہلے ہی قدم پر

غش کھایا اور ستے چھوٹے

جل کر رہ گیا طور

مسافر

تیری منزل دور

تیری منزل

دور

مسافر

تیری منزل دور

جو پیچھے مطلوب کے جائے

دوارے پر مجبوب کے جائے

تیر کے نکلے صحرا صحرا

دریا دریا ڈوب کے جائے

الٹا سب دستور

مسافر

تیری منزل دور

سکون و آرام

تیری منزل

دور

مسافر

تیری منزل دور

بعض تو بے خود ہو جاتے ہیں

بعض خودی میں کھو جاتے ہیں

رہ جاتے ہیں سر کٹوا کر

دار پہ چڑھ کر سو جاتے ہیں

سرمد اور منصور

مسافر

تیری منزل دور

وحی خداوندی کے بغیر

تیری منزل

دور

مسافر

تیری منزل دور

خضر رفیق راہ نہیں ہے

منزل سے آگاہ نہیں ہے

اس رستے میں سنگی ساتھی

کوئی بجز اللہ نہیں ہے

وہ بھی تحت شعور

مسافر

تیری منزل دور

تیری منزل

دور

مسافر

تیری منزل دور

خانقہوں میں درس فقیری

چلّہ کشی اور گوشہ گیری

راحت کے حجروں کے نکل کر

دامِ آزادی کی اسیری

کون کریں منظور

مسافر

تیری منزل دور

حوصلہ افزائی سے

تیری منزل

دور

مسافر

تیری منزل دور

دیوانہ فرزانہ جانے

فرزانہ دیوانہ جانے

کوئی تیری بات نہ سمجھے

ہر کوئی بیگانہ جانے

کوئی نہ ہو مسرور

مسافر

تیری منزل دور

شکستہ پائی سے

تیری منزل

دور

مسافر

تیری منزل دور

شمع مثال پگھلتے جانا

پروانہ ساں جلتے جانا

جلنا اور پگھلنا ، لیکن

چلنا ، چلنا چلنے جانا

کس کا ہے مقدور

مسافر

تیری منزل دور

منجدھار

کامی کھیون ہار

جھوٹا سب سنسار

پیارے

جھوٹا سب سنسار

موہ کا دریا

لوبھ کی دنیا

کامی کھیون ہار

موج کے بل پر چل نکلے تھے

ان پھنسے منجدھار

پیارے

جھوٹا سب سنسار

دُھن کی دُھن اسوار

جھوٹا سب سنسار

پیارے

جھوٹا سب سنسار

تن کے اجلے من کے میلے

دُھن کی دُھن اسوار

اوپر اوپر راہ بتائیں

اندر سے ہٹ مار

پیارے

جھوٹا سب سنسار

بیچیں مرگ اُدھار

جھوٹا سب سنسار

پیارے

جھوٹا سب سنسار

گیان دھیان کے پتر باچیں

بیچیں سرگ اُدھار

گیانی پاتر بن کر نا چیں

نقد کریں بیوپار

پیارے

چھوٹا سب سنسار

نکلے چور چکار

چھوٹا سب سنسار

پیارے

چھوٹا سب سنسار

چولے دھار کے دِین دھرم کے

نکلے چور چکار

اِن چولوں کی آڑ سے چمکے

دو دھاری تروار

پیارے

چھوٹا سب سنسار

❖❖❖

درشن درشن

درشن درشن میرا

بس

درشن درشن میرا

مالی لاکھ کرے رکھوالی

بھونرا گونجے ڈالی ڈالی

پھول پھول پر ڈیرا

بس

درشن درشن میرا

کوئی ہے قیدِ قفس میں بلبل رنگ میں، مکھی رس میں

اپنا من ہے اپنے بس میں

جوگی والا پھیرا

بس

درشن درشن میرا

درشن درشن میرا
بس
درشن درشن میرا

جس ہردے میں شیام براجے
جس گوکل میں مرلی باجے
سادھو کریں بسیرا
بس
درشن درشن میرا

رنگ رنگ سے جلنے والا
انگ انگ کا روپ نرالا
نین جپیں درشن کی مالا
ساجے سانجھ سویرا
بس
درشن درشن میرا

بسنت رُت

بسنت کی رُت آگئی

ترے وطن پہ چھا گئی

ہوا کا رُخ پلٹ گیا

خزاں کا زور گھٹ گیا

عالم کا ابر چھٹ گیا

پہن کے جامۂ نمو

چمن ہرا بھرا ہوا

کوئی نہیں، نہیں ایک تو

ہے آج بھی مرا ہوا

بسنت کی رُت آگئی

ترے وطن پہ چھا گئی

بسنت کی رُت آگئی

ترے وطن پہ چھا گئی

بگاڑ کو سنوار کے

دلوں کا میل اتار کے

دِن آگئے بہار کے

اُتار دے اُتار دے

یہ خول تو بھی جوش کا

طرب   کدہ   سنوار   دے
جنونِ   گرم   جوش   کا

بسنت   کی   رُت   آگئی
ترے   وطن   پہ   چھا   گئی

بسنت   کی   رُت   آگئی
ترے   وطن   پہ   چھا   گئی
مٹا   بھی   دے   کدورتیں
کہ   نیک   میں   مہورتیں
گلوں   کی   دیکھ   صورتیں

امید   کی   مہک   تو   ہے
یہ   پھول   زد   ہی   سہی

نوید   کی   لہک   تو   ہے
ہوائیں   سرد   ہی   سہی

بسنت   کی   رُت   آگئی
چترے وطن   پہ   چھا   گئی
بسنت   کی   رُت   آگئی
ترے   وطن   چھا   گئی

جو تو دفا سرشت

تو سُرخرو یہ شکست ہو

یہی چمن بہشت ہو

یہ زرد رنگ خوب ہے

مگر جنوں کا رنگ ہے

پھر اس سے بڑھ کے خوب شے

ترے ہی خوں کا رنگ ہے

بسنت کی رُت آ گئی

ترے وطن پہ چھا گئی

❁❁❁

اپنے وطن میں سب کچھ ہے پیارے

اپنے وطن میں سب کچھ ہے پیارے
رشکِ عدن ہے باغ وطن بھی
گل بھی ہیں موجود
گل پیرہن بھی نازک بدن بھی غنچہ دہن بھی
لیلیٰ روش بھی شیریں سخن بھی کچھ کم نہیں وہ
اُجڑا چمن بھی
اس کے بھی اِک بار کر لے نظارے
اپنے وطن میں سب کچھ ہے پیارے

اپنے وطن میں سب کچھ ہے پیارے
اس حسن میں ہے ہلکا نمک بھی
مے کا نشہ بھی لطفِ گزک بھی
رنگین کلیاں جن میں مہک بھی
دل میں وفا بھی درد اور تپک بھی
روئے زمیں بھی چشم فلک بھی
سب ہی بھکاری
بھارت کے دوارے

سونے والو جاگو

جاگو سونے والو جاگو
وقت کے کھونے والو جاگو

جاگے عبادت کرنے والے
سجدوں میں سر دھرنے والے

باغ میں چڑیاں بول رہی ہیں
کلیاں آنکھیں کھول رہی ہیں

پھول خوشی سے جھوم رہے ہیں
پتّوں کا منہ چوم رہے ہیں

جاگ اٹھنے دریا اور نہریں
جاگ اُٹھیں موجیں اور لہریں

ناؤ چلانے والے جاگے
پار لگانے والے جاگے

کوے کالے کالے جاگے
سب کو جگانے والے جاگے

مال خزانے والے جاگے
دفتر جانے والے جاگے

کاروباری جاگ اٹھے ہیں
سب بیوپاری جاگ اٹھے ہیں

بنیے اور حلوائی جاگے
بابو جاگے نائی جاگے

منڈی کے مزدور بھی جاگے
دوڑ رہے ہیں پیچھے آگے

بولی بولنے والے جاگے
سودا تولنے والے جاگے

ساری دُنیا جاگ رہی ہے
کام کی جانب بھاگ رہی ہے

لکھنے پڑھنے والو جاگو
پھولنے بڑھنے والو جاگو

مُنہ دھو دھا کر ناشتہ کھاؤ
بستہ لے کر مدد سے جاؤ

صبح کا سونا خوب نہیں ہے
اچھا یہ اسلوب نہیں ہے

جاگو سونے والو جاگو
وقت کو کھونے والو جاگو

بہار

بہار آگئی پھول کھلنے لگے
ہوا کے ہنڈولوں میں ہلنے لگے

لگیں پھر نئی کونپلیں پھوٹنے
درختوں پہ جو بن لگا ٹوٹنے

چراگاہوں میں پھر اُگی سبز گھاس
زمینوں نے پہنا ہے دھانی لباس

درختوں پہ پھر ایک شان آگئی
یہ مُردے تھے اب ان میں جان آگئی

بس اب آم لگ جائیں گے دیکھنا
کہ آموں کے پیڑوں پہ مور آگیا

خزاں کو نظر اب ہے بھولی ہوئی
کہ کھیتوں میں سرسوں ہے پھولی ہوئی

یہ رنگت کریں کیوں نہ آنکھیں قبول
زمرد کے پودے ہیں سونے کا پھول

ہوا ہو تو کھیتوں کا دیکھوں سماں
ہیں دریا میں سونے کی موجیں رواں

گلہائے سلوَر جوبلی سیریز — بچوں کی نظمیں - حفیظؔ جالندھری

ستاروں سے بھی ہم کو پیارے ہیں پھول
ہماری زمیں کے ستارے ہیں پھول

پرندے لگے بولنے بولیاں
جمانے لگے کھیت میں ٹولیاں

وہ اڑتی ہے ننّھی سی ایک تیتری
پری ہے پرستان سے آئی ابھی

پہ پھر آگئیں شہید کی مکّھیاں
چلی جاتی ہیں سردیوں میں کہاں؟

ہر اک پھول پر بھن بھنانے لگیں
درختوں پہ چھتے بنانے لگیں

لگائی پھر چیونٹیوں نے قطار
ہُوا گرم اُن کا بھی اب کاروبار

❧ ❧ ❧

جگنو

لو رات ہوگئی ہے ، لو چھا گیا اندھیرا
باغیوں بسنے والے ، سب لے چکے بسیرا
ہر سمت آسماں پر ، تارے چمک رہے ہیں
تارے جو ہیں زمیں پر ، اُن کو تک رہے ہیں
پوچھو گے تم ، زمیں کے وہ کون سے ہیں تارے؟
آؤ تمہیں دکھائیں ، تارے وہ پیارے پیارے
دیکھو چمک رہے ہیں ، باغوں میں باڑیوں میں
کیا اڑ رہے ہیں ہر سو ، کھیتوں میں چھاڑیوں میں
یہ ننھی لال ٹینیں کیا جگمگا رہی ہیں
اِس سمت آرہی ہیں ، اُس سمت جا رہی ہیں
ہیں آگ کے پتنگے ، یا پھول پھل جھڑی کے؟
کیا نور سے بھرے ہیں، یہ ننھے ننھے کیڑے
تم جانتے ہو اِن کو ؟ جگنو ہے نام اِن کا
اندھیاریوں کو روشن کرنا ہے کام اِن کا
اڑنے کو ننھے ننھے ، قدرت نے پر دیئے ہیں
اِن کو دُموں کے اندر کیا نور بھر دیئے ہیں
پیڑوں کی ڈالیوں پر ، جگنو چمک رہے ہیں
اور اُن کی روشنی سے ، پتے دمک رہے ہیں
کیا خوش نما ہیں دیکھو ، قدرت کے کارخانے
قدرت کے کارخانے قدرت ہی خوب جانے

❈ ❈ ❈

بسنت پنچمی

نہ سردی بہت ہے نہ گرمی بہت
کہ دُھوپ اور ہوا میں ہے نرمی بہت

بہت خوش ہیں اب لڑکیاں بالیاں
بسنتی رنگانے لگیں چنریاں

اسی رُت میں ملتا ہے جینے کا لطف
پہننے اور کھانے پینے کا لطف

لہو میں ہے کچھ جوش سا آگیا
ہے خود سیر کرنے کو جی چاہتا

جو سردی کے مارے نکلتے نہ تھے
نکلتے ہیں دو وقت اب گھومنے

بڑھتی آج رونق ہے بازار کی
یہ خوشیاں ہیں موسم کے تہوار کی

گنوار آئے ہیں خوب گاتے ہوئے
ہُڑک اور ڈفلی بجاتے ہوئے

وہ نکلے ہیں بن ٹھن کے بالے جواں
سروں پر بسنتی ہیں سب پگڑیاں

بڑی بھیڑ بھاڑ اور ریلا ہے آج
نہ کیوں گُل غُنپاڑا ہو میلا ہے آج

سکولوں کے لڑکوں کی دیکھو چھبن!
سروں پر بسنتی کھلا ہے چمن

سِکھایا کتابوں نے ان کو شعور
یہ بے کار کھیلوں سے رہتے ہیں دُور

کتابوں کو پڑھتے پڑھاتے ہیں یہ
اک اپنا ہی میلا لگاتے ہیں یہ

کھلنڈرے لڑاتے ہیں دیکھو پتنگ
زمیں پر ہیں آپ، آسماں پر ہے جنگ

جو کٹ جائے گُڈّی تو لُٹتی ہے دُور
وہ کاٹا 'وہ کاٹا' کا ہوتا ہے شور

یہ کنکوے کا کھیل اچھا نہیں
کوئی فائدہ اس سے ہوتا نہیں

نہ ورش نہ کوئی ہُنر اس میں ہے
بلندی سے گرنے کا ڈور اس میں ہے

یہ موسم ہے اچھا، کرو خوب سیر
اُٹھو، گھر سے نکلو، کھیلیں ہاتھ پیر

❖ ❖ ❖

اب وقت قیمتی ہے

سالانہ امتحان میں بس رہ گیا مہینہ
محنت میں ایک کردہ ، اب خون اور پسینہ
ہر وقت کھیلنے کا ، اچھا نہیں قرینہ
اب وقت قیمتی ہے
اب وقت قیمتی ہے

سارا برس گزارا ، لیکن سمجھ نہ آئی
بے کار بیٹھنے میں ، کیا پائیں گے بھلائی
ہمت کرو کہ سر پر ، ہے امتحان بھائی
اب وقت قیمتی ہے
اب وقت قیمتی ہے

جو وقت کھو چکے ہو ، اب اس کی فکر چھوڑو
دل پاس سے نہ باندھو، امید کو نہ توڑو
لاؤ کتاب اٹھاؤ ، محنت سے مُنہ نہ موڑو
اب وقت قیمتی ہے
اب وقت قیمتی ہے

❧❧

اندھا

وہ سڑک پر ایک اندھا آرہا ہے دیکھنا !
کیسے ہَولے ہَولے لاٹھی ٹیکتا ہے دیکھنا !

چاپ چلنے والوں کے پاؤں کی سُنتا ہے مگر
کوئی چہرہ اس بچارے کو نہیں آتا نظر

اس نے پیاری پیاری چڑیوں کو نہیں دیکھا کبھی
بولیاں اُن کو سمجھتا ہے یہ رنگا رنگ کی

خوب صورت پھول کی صورت کبھی دیکھی نہیں
لہلہاتے سبزے کی رنگت کبھی دیکھی نہیں

آسماں پر اس نے تاروں کی چمک دیکھی نہیں
ابر کے پردے میں بجلی کی جھلک دیکھی نہیں

دھوپ تاپی ہے ، مگر دیکھی نہیں ہے روشنی
کچھ خبر اس کو نہیں ، ہوتی ہے کیسی چاندنی

جب سے یہ پیدا ہوا ، دیکھی نہیں کوئی شَے
زندگی بے چارے کی گویا اندھیری رات ہے

صبح کا سورج کبھی اس کے لیے چمکا نہیں
یعنی اس کو کچھ اندھیرے کے سوا سوجھا نہیں

آگ ہی دیکھی ہے اس نے اور نہ دیکھا ہے دھواں
جانتا ہے گرم ہاتھ اپنے عزیزوں کے نشاں

موسموں کا اس نے دیکھا ہی نہیں ہے رنگ روپ
سائے کو ٹھنڈک سمجھتا ہے اور گرمی کو دھوپ

راستہ چلتا ہے بے چارا بڑی مشکل کے ساتھ
رہتی ہے لاٹھی سہارے کے لئے بس کے ہاتھ

پیارے بچو دی خدا نے آنکھ سی نعمت تمہیں
اس لئے اندھوں کی کرنی چاہئے خدمت تمہیں

تھام لو ہاتھ اس کا اپنے ساتھ لے جاؤ اسے
یہ جہاں جاتا ہے آسانی پہنچاؤ اسے

اور جو دُنیا میں چیزیں دیکھتے رہتے ہو تم
خوب صورت ، خوشنما اچھی جنہیں کہتے ہو تم

پیارے پیارے پھول پتے، چاند ، سورج ، آسماں
حال اندھے سے کرو ان ساری چیزوں کا بیاں

تم کو آتی جو بات اس کو سنانی چاہئے
اور اندھوں پر ہمیشہ مہربانی چاہئے

❖❖❖

شبرات

پھیلی ہوئی لڑکوں میں ہیں کس بات کی خوشیاں؟
شبرات کی خوشیاں بھئی شبرات کی خوشیاں !

لڑ لڑ کے ہر اِک نے لئے ماں باپ سے پیسے
بازار سے لائے ہیں انار اور پٹاخے

بعضوں نے ہے خود آپ ہی بارود بنایا
مہتابیاں بھر بھر کے ہے اِک ڈھیر لگایا

ہر گھر میں سر شام ہی پکنے لگے حلوے
مانگتوں کے گلی کوچوں میں ٹھٹ لگ گئے کیسے

میدان میں لڑکوں نے لگایا ہے اکھاڑا
اِک جنگ کی صورت میں جمایا اکھاڑا

کس شوق سے چھٹتی ہے ہوائی پہ ہوائی
تاروں سے تو منظور نہیں ان کو لڑائی

جب آگ اناروں کو دکھا دیتے ہیں لڑکے
میدان میں گلزار کھلا دیتے ہیں لڑکے

وہ تو مڑیاں چھوڑی ہیں وہ چھوڑے ہیں پھلجھڑے
وہ ہٹ گئے اِک سمت کو پھرتی سے اُچک کے

میدان میں کیا ناچتی پھرتی ہے چھچھوندر
آواز کبھی دیتی ہے شوں شوں کبھی شرشر

مہتابیوں کا رنگ ہے ان سے نرالا
کردیتی ہیں کیسا یہ اندھیرے میں اُجالا

ہوتی ہیں کبھی سُرخ ، کبھی سبز ، کبھی زرد
مہتابیوں کے آگے تو مہتاب بھی ہے گرد

اس وقت گلی کوچوں کے سب بند ہیں رستے
کوٹھوں سے بھی پھل جھڑیوں کے ہیں پھول برستے

لڑکے ہیں شریر آپ اِدھر آئیں نہ صاحب
ہاں مفت میں کپڑے کہیں جل جائیں نہ صاحب

یہ چھوڑتے ہیں آکے اچانک جو پٹاکا
کانوں میں بڑے زور کا ہوتا ہے دھماکا

❖ ❖ ❖

تیتری

چمن میں اڑ رہی ہے ایک ننھی سی پری دیکھو
بہت ہی خوب صورت بھولی بھالی تیتری دیکھو

ذرا سی ہے مگر دیکھو تو کس پھرتی سے اڑتی ہے
کبھی آگے کو بڑھتی ہے کبھی پیچھے کو مڑتی ہے

گئی وہ اُس طرف ، جاتے ہی کوئی ، پھر اِدھر آئی
کبھی اس پھول پر آئی ، کبھی اُس پھول پر آئی

سنہری پَر ہیں اس کے ، دھوپ میں کیسے چمکتے ہیں
کرن سورج کی پڑتی ہے ، تو کندن سے دمکتے ہیں

چمن میں کرتی پھرتی ہے ، یہ کیسا تانا بانا؟
سمجھ میں کچھ نہیں آتا کہ ہے اس کا ارادہ کیا؟

کھلنڈری ہے بہت ، کیا کھیلتی پھرتی ہے پھولوں میں !
کبھی ہے گھیرتی اُن کو کبھی گھِرتی ہے پھولوں میں

بہت نازک ہیں پَر اس کے ، بہت خوش رنگ رنگ اس کا
یہ ننھی تیتری اڑتا ہوا اِک پھول ہے گویا

بہار آتی ہے دُنیا میں تو فوراً یہ بھی آتی ہے
کہ ہلکی دھوپ میں پھولوں کی خوشبو اس کو بھاتی ہے

بہت چھوٹا سا جسم اس کا ، بہت ننھی سی جان اس کی
ذرا سا تو کیڑا ، اس پہ ایسی آن بان اِس کی

اکیلی تو نہیں ہے بہیبیوں میں اور بھی دیکھو
یہاں پر تیتری ہے آج رنگارنگ کی دیکھو

ہر اِک ایسی ہی اچھی ، خوش نما ہے اور پیاری ہے
کسی کا رنگ ہے ایک اور کسی میں کوئی دھاری ہے

کوئی سُرخ کوئی زرد ہے اور کوئی کالی ہے
سبھی ہیں خوب صورت اور اِک اِک سے نرالی ہے

چمن میں ہر طرف رَس چوستی پھرتی ہیں پھولوں کا
مزہ لیتی ہیں جابجا کر ہری شاخوں کے جھولوں کا

نظر آتی نہیں سارے پرندوں میں بھی شان ایسی
کسی میں بھی نہیں پھرتیلا پن ایسا ، اُڑان ایسی

❖ ❖ ❖

گنگا

اے شان دار گنگا

اے پُر بہار گنگا

گنگوتری سے نکلی ، کیسی اُچھل اُچھل کر

اور پربتوں سے اتری ، پہلو بدل بدل کر

—————

پتھر بہائے تو نے جو راستے میں آئے

کردی بلندیوں سے جلوے عجب دکھائے

اِک راہ میں بنائے ، سَو آبشار گنگا

اے شان دار گنگا

اے پُر بہار گنگا

وہ اپنی رو میں بہنا ! اونچے سروں میں گانا

چڑیوں کا مست رہنا ! سُن کر تیرا ترانا

—————

اور وہ جوسُن کے نغمے دیتے تھے داد تجھ کو

لیتے تھے گودیوں میں ، جو شاد شاد تجھ کو

کرتے ہیں یاد تجھ کو وہ کہسار گنگا

اے شان دار گنگا

اے پُر بہار گنگا

—————

جنگل پہاڑ چھوڑے میداں بسائے تو نے
اب اور ہی طرح کے نقشے جمائے تو نے

گنگا بہائی ایسی ، کھیتوں کو بھر دیا ہے
پودوں کو جان دی ہے پھولوں کو زرد دیا ہے
سیراب کر دیا ہے ، ہر لالہ زار ، گنگا
اے شان دار گنگا
اے پُر بہار گنگا

ہیں شہر پیارے پیارے ، اکثر ترے کنارے
تیرتھ ترے کنارے ، مندر ترے کنارے

جَل ہے ترا پوتر ، مٹی بھی تیری پیاری
پاکیزگی کی دیوی ، پاکیزہ ہے تو ساری
تجھ کو ترے پجاری کرتے ہیں پیار گنگا
اے شان دار گنگا
اے پُر بہار گنگا

مشہور ہوگئی تُو ، ہندوستاں کی ماتا
تجھ میں ایک ہندو ، اِشنان کو ہے آتا

ہندوستانیوں کی ہمدم ہے تُو پُرانی

دُنیا میں کوئی دریا ، تیرا نہیں ہے ثانی

ہے تیرا صاف پانی ، امرت کی دھار گنگا

اے شان دار گنگا

اے پُر بہار گنگا

راتوں کو چاند تارے ، لہروں میں جھومتے ہیں

پھولوں بھرے کنارے ، پیروں کو چومتے ہیں

سورج بکھیرتا ہے ، کرنوں کے ہار تجھ پر

اور کرتی ہیں ہوائیں ، نقش و نگار تجھ پر

سب ہیں نثار تجھ پر سب ہیں نثار گنگا

اے شان دار گنگا

اے پُر بہار گنگا

❖❖❖

عید

چاند جب عید کا نظر آیا

حال کیا پوچھتے ہو خوشیوں کا

آسماں پر ہوائیاں چھوٹیں

نوبتیں مسجدوں میں بجنے لگیں

شکر سب خوص و عام کرنے لگے

اور باہم سلام کرنے لگے

ننھے بچے ہیں خاص کر مسرور

کہتے ہیں عید اب ہے کتنی دور؟

مائیں کہتی ہیں کچھ نہیں اب دور

صبح آجائے گی یہاں پہ ضرور

آؤ کھا پی کے سو رہو چپ چاپ

آئے گی عید صبح آپی آپ

بچوں کی آنکھ میں نیند کہاں؟

ہیں انھیں تو چڑھی ہوئی خوشیاں

ہوگئی رات کاٹنی مشکل

کل کے دن پر لگا ہوا ہے دل

بچیوں نے لگائی ہے مہندی

رنگیالی منگائی ہے مہندی

اچھے اچھے بنائے ہیں کپڑے

سب سنئے سل کے آئے ہیں کپڑے

بچے بے اعتبار ایسے ہیں
اُن کو رکھ کر سرہانے سوتے ہیں

آگئی نیند سوگئے بچے

بارے خاموش ہوگئے بچے

خواب بھی عید ہی کے آتے ہیں
سوتے سے اُٹھ کے بیٹھ جاتے ہیں
‫------------‬

صبح صادق کا ہوگیا ہے ظہور
ساری دُنیا پہ چھا گیا اِک نور

چڑیاں پیڑوں پہ چہچہانے لگیں
عید کے گیت مل کے گانے لگیں

مشرق پر جلوہ گر ہوا سورج

آج ہے کُچھ نیا نیا سورج

تاج خوب اُس نے آج پہنا ہے

سُرخ کرنوں کا تاج پہنا ہے

ہر مسلمان باغ باغ ہے آج

آسماں ہر اِک دماغ ہے آج

صبح اُٹھتے ہی سب نے غُسل کیا

پہنا اُجلا لباس عطر ملا

مائیں نہلا رہی ہیں بچوں کو

خوب بہلا رہی ہیں بچوں کو

بچے خوش ہوں یہی ہے ساری عید
اُن کے بچوں کی عید، اُن کی عید

بچیوں نے بھی سر گندھایا ہے

ماؤں نے خوب انھیں سجایا ہے

جوڑے رنگین سب نے پہنے ہیں

چاندی سونے کے سارے گہنے ہیں

اوڑھنی پر لگا ہوا گوٹا

دیکھنا! ہے دمک رہا کیسا

بھائیوں کو بلائی پھرتی ہیں

اپنے کپڑے دکھاتی پھرتی ہیں

ہاتھ مہندی رنگے دکھاتی ہیں

خوش ہیں ہنسی میں کھیل کھلاتی ہیں

اور لڑکے بھی ہو گئے تیار

سر پہ باندھی ہے ہے لٹ پٹی دستار

خوش نما سب نے سوٹ پہنے ہیں

اور پیروں میں بوٹ پہنے ہیں

کیا جھک کر سلام ماؤں کو

باپ دادوں کو اور چچاؤں کو

سب سے پیسے جھگڑ جھگڑ کے لیے

روٹھ کر ضد سے اور اَڑ کے لیے

ہاتھ میں لکڑی جیب میں رومال

چلتے پھرتے ہیں کیا ٹھمکتی چال

ہو چکی اب تو خوب تیاری

اور سویوں کی آ گئی باری

فرش پر بچھ گیا ہے دسترخوان
مل کے بیٹھے ہیں بچے بوڑھے جوان
سامنے ہے بھری ہوئی تھالی
ہیں سویاں بھی خوب رومالی
خوب کھاتے اور کھلاتے ہیں
یوں خوشی عید کی مناتے ہیں

—————————

لوگ سب عید پڑھ کے نکلے ہیں
گویا پروان چڑھ کے نکلے ہیں
خوش ہیں سب اور کرتے خیرات
لوٹتے ہیں ثواب ہاتھوں ہات
جان پہچان ملتے ہیں اکثر
عید ملتے ہیں سب گلے مل کر
بچے بالے بھی ساتھ ہیں سارے
جو کہ ہیں عید دیکھنے آئے
ان کو میلا دکھاتے پھرتے ہیں
چیزیاں بھی کھلاتے پھرتے ہیں
بچے لٹو ہوئے کھلونوں پر
وہ بھی جھولی میں رکھ لئے لے کر
کیوں نہ ہو کھیل کا یہی سن ہے
اور پھر آج عید کا دن ہے

❖❖❖

رہٹ

سُہانی ہے میٹھی میٹھی صدا ہے
اُوھر دیکھا وہ رہٹ چل رہا ہے

ذرا آؤ تو پاس چل کے دیکھیں
اگر بھیڑ کم ہو تو ہم بھی نہالیں

بابا ! درختوں کی ہے چھاؤں کیسی
کلیجے میں ، آنکھوں میں ٹھنڈک سی آتی

رہٹ کا کنواں بھی بہت ہی بڑا ہے
درخت ایک پیپل کا اُس میں اُگا ہے

تعجب ہے ان پختہ اینٹوں کت اندر
یہ اتنا بڑا پیڑ اُگ آیا کیونکر ؟

کنویں میں بھر بھر کے آتی ہیں ٹنڈیں
منوں پانی لاکر بہاتی ہیں ٹنڈیں

وہ گرتا ہے نالی سے کیا صاف پانی !
ہے آئینے کی طرح شفاف پانی

یہ کرتا سرسبز ترکاریوں کو
بناتا ہے گلزار یہ کیاریوں کو

تر و تازہ ہوجاتے ہیں بیل بوٹے
طراوت سی آتی ہے آنکھوں میں جن سے

ہری کھیتوں کی یہ اصلی غذا ہے
کسانوں کی کشتی کا یہ ناخدا ہے

ہے چکّر سے آواز گانے کی آتی
کنویں میں پَری تو نہیں کوئی گاتی؟

سمجھ میں تو آتی نہیں اس کی بولی
مگر یہ سُریں ہیں بہت میٹھی میٹھی

بہت ہی بھلا ہے رہٹ کا نظارا
یہی اب تو جی چاہتا ہے ہمارا

یہاں بیٹھ کر آج کا دن گُزاریں
کتابیں پڑھیں اور دیکھیں بہاریں

ہواؤں میں ٹھنڈک ہے پیارا سماں ہے
یہ آرام کمروں میں اپنے کہاں ہے؟

❈❈❈

برسات

دیکھنا ! مغرب کی جانب دیکھنا !

اُٹھ رہی ہے کس قدر کالی گھٹا

اُٹھتے ہی سورج کے سر چڑھنے لگی

آسماں پر ہر طرف بڑھنے لگی

یک بیک چلنے لگی ٹھنڈی ہوا

واہ کیا موسم سُہانا ہوگیا!

دھوپ رخصت ہوگئی گرمی گئی

لیجئے رُت آگئی برسات کی

بادلوں کی طرح فوجیں بڑھیں

موٹی موٹی بوندیاں گرنے لگیں

لوگ بھائم بھاگ گھر جانے لگے

صحن سے سامان اٹھوانے لگے

اے لو یہ آیا جھڑا کا زور کا

موسلادھار اب تو مینہ پڑنے لگا

تھی زمیں گرمی سے مُردہ جی گئی

جس قدر پانی ملا ، سب پی گئی

سب پُرانے گھر ٹپکنے لگ گئے

لوگ چیزیں اپنی ڈھکنے لگ گئے

کرتی پھرتی ہیں ہوائیں سائیں سائیں
گرتے ہیں پرنالے کیسے دھائیں دھائیں
چل رہے تھے جو مسافر رُک گئے
راہ میں بیٹھے ہیں پیڑوں کے تلے
ہے یہاں بھی کس قدر ٹپکے کا زور
ہو گئے پانی سے کپڑے شرابور
مینہ برسنے سے بہت خوش ہیں کسان
آج اُن کی جان میں آئی ہے جان
آج کھیتوں کا نصیب جاگ اُٹھا
گویا سوکھے دھانوں پانی پر گیا

بچے پھرتے ہیں نہاتے ہر طرف
شور کرتے غُل مچاتے ہر طرف
مِل کے ہنستے ہیں جو گرتا ہے کوئی
اُس کا گِرنا اور ان کی دل لگی
لگ رہی ہیں لڑکیاں پکوان میں
گھی، شکر، آٹے کے ہیں سامان میں
آج تو ہر گھر سے اُٹھتا ہے دھواں
پکتی ہیں میٹھی سلونی، پُوریاں
جب پکا لیتی ہیں کچھ چھکتی بھی ہیں
بھائیوں کے واسطے رکھتی بھی ہیں

شام ہونے آئی مینہ تھمتا نہیں

مینہ تھمے تو سیر کو نکلیں کہیں

خیر کل دیکھیں گے چھٹی کی بہار

ہے سنیچر آج کل ہے اتوار

اب تو کچھ کھا پی کے چپکے ہو رہیں

کھڑکیاں کھولیں ہوا میں سو رہیں

ہوگئی رات اب جلا لاؤ چراغ

گھپ اندھیر چھا گیا، لاؤ چراغ

دیکھنا کتنے پتنگے آگئے

کل نہ تھے، یہ آج کیسے آگئے؟

آنکھیں جھپکاتی ہے بجلی کی چمک

دِل کو دہلاتی ہے بادل کی کڑک

آج تو مینڈک بھی ٹرانے لگے

راگنی برسات کی گانے لگے

واہ وا، آئی ہے کیا ٹھنڈی ہوا!

چھا گیا آنکھوں پہ پردہ نیند کا

❖❖❖

آج بادل خوب برسا اور برس کرکھل گیا
گلستاں کی ڈالی ڈالی ، پتّا پتّا دُھل گیا

دیکھنا ! کیا دُھل گیا سارے کا سارا آسماں
اُودا اُودا ، نیلا نیلا ، پیارا پیارا آسماں

ہٹ گیا بادل کا پردہ مل گئی کِرنوں کو راہ
سلطنت پر اپنی پھر خورشید نے ڈالی نگاہ

دھوپ میں ہے گھاس پر پانی کے قطروں کی چمک
مات ہے اس وقت موتی اور ہیرے کی دمک

دے رہی ہے لُطف کیا سرسبز پیڑوں کی قطار
اور ہری شاخوں پہ ہے رنگیں پھولوں کی بہار

کیا پرندے پھر رہے ہیں چہچہاتے ہر طرف
راگنی برسات کی خوش ہوکے گاتے ہر طرف

دیکھنا ! وہ کیا اچنبھا ہے ، ارے ، وہ دیکھنا !
آسماں پر ، اُن درختوں سے پرے ، وہ دیکھنا !

یہ کوئی جادو ہے ، یا سچ مچ ہے رنگیں کماں؟
واہ وا ! کیسا بھلا لگتا ہے ، یہ پیارا سماں

کس مصور نے بھرے ہیں رنگ ایسے خوش نما؟
اس کا ہر اک رنگ ہے آنکھوں میں جیسے کُھب گیا

اِک جگہ کیسے ، اکٹّھے کر دیے ہیں سات رنگ؟
شوخ ہیں ساتوں کے ساتوں اک نہیں ہے مات رنگ

ہے قدرت کا نظارہ ، اور کیا کہیے اِسے ؟
بس یہی جی چاہتا ہے دیکھتے رہیے اِسے

ننھے ننھے جمع تھے پانی کے کچھ قطرے وہاں
اُن پہ ڈالا عکس سورج نے بنا دی یہ کماں

دیکھو دیکھو اب مٹی جاتی ہے وہ پیاری دھنک !
دیکھتے ہی دیکھتے گم ہوگئی ساری دھنک

پھر ہوا میں مل گئی وہ سب کی سب کچھ بھی نہیں
آنکھیں مل مل کر نہ دیکھو، آؤ، اب کچھ بھی نہیں

❧❧❧

دھوبی کا راگ

ہوئی شام تو میں نے بھٹی چڑھائی
بہت ساری آگ اُس کے نیچے جلائی
جوں ہی جا کے لیٹا بڑی نیند آئی
اندھیرے سے اٹھا اور لادی اٹھائی

سویرے سے پانی کے اندر کھڑا ہوں
چھوا چھو ، چھوا چھو کیے جا رہا ہوں
چھوا چھو، چھوا چھو ، چھوا چھو ، چھوا چھو!

دیے مجھ کو لا لا لوگوں نے کپڑے
بہت ہی غلیظ اور میلے کچیلے
بنا دوں گا دھو دھا کے میں ایسے اُجلے
نظر آئیں گے پھر سفید اور ستھرے

اسی واسطے دھوپ دِکھلا رہا ہوں
چھوا چھو چھوا چھو کیے جا رہا ہوں
چھوا چھو ، چھوا چھو ، چھوا چھو ، چھوا چھو

لگا کر کلَف پھر سُکھاؤں گا کپڑے

بہت جلد گھر لے کے جاؤں گا کپڑے

دُرست اِستری سے بناؤں گا کپڑے

نئے کر کے سارے دکھاؤں گا کپڑے

ہمیشہ اسی طرح کرتا رہا ہوں

چھوا چھو ، چھوا چھو ، کیے جا رہا ہوں

چھوا چھو ، چھوا چھو ، چھوا چھو!

یہ کپڑے جو ہو جائیں تیار سارے

اکٹھے کروں گا دُھلائی کے پیسے

تو اُن سے پلیں گے مرے بال بچے

مَیں بنواؤں گا اپنی بیوی کے گہنے

یہ سب ٹھنڈ اسی واسطے کھا رہا ہوں

چھوا چھو ، چھوا چھو کیے جا رہا ہوں

چھوا چھو ، چھوا چھو ، چھوا چھو!

❁ ❁ ❁

دسہرہ

کئی دن سے لگا کرتا ہے میلہ رام لیلا کا

اکھاڑہ جمتا ہے میدان میں ہر شام لیلا کا

یہ ان ہر روز کی تیاریوں کا آخری دن ہے

جو سچ پوچھو تو اس میلے کا اصلی آج ہی دن ہے

لگائی ہیں دکانیں چھپروں کی شہر سے باہر

سجائی ہیں قرینے سے دکاں داروں نے بڑھ چڑھ کر

کھلونے والے ، تنبولی ، بساطی اور حلوائی

ہے آدھے شہر کے خلقت تو سودا بیچنے آئی

ہوئی سے پہر اب بڑھنے لگا ہے زور میلے کا

سنائی دے رہا ہے دور ہی سے شور میلے کا

بہت سے لوگ جو دیہات سے آئے ہیں گاتے ہیں

خوشی سے ہر طرف پھرتے ہیں ، الغور بجاتے ہیں

چلتے آتے ہیں لوگ اُمڈے ہوئے بس ایک تانتا ہے

یہ میلہ ہے دسہرے کا کہ انسانوں کا دریا ہے؟

کسی کے ساتھ لڑکی ہے کسی کے ساتھ لڑکا ہے

کہیں گم ہو نہ جائے بھیڑ میں اس کا بھی دھڑکا ہے

کوئی پیدل چلا آتا ہے کوئی ہے سواری پر

کئی جاگیردار آئے ہیں ، ہاتھی کی عماری پر

ہے اس میداں میں اک پُتلا بہت لانبا بہت موٹا

کھڑا ہے دوسرا بھی ساتھ ہی پر اس سے کچھ چھوٹا

یہ پُتلے بانس اور کاغذ سے لوگوں نے بنائے ہیں

کھڑے ہیں، جس طرح میدان میں لڑنے کو آئے ہیں!

وہ جس کے تن دس سر ہیں، اسی کا نام راون تھا

یہ تھا لنکا کا راجا، رام چندر کا دشمن تھا

اکڑ کر جو کھڑا ہے دوسرا، راون کا بیٹا تھا

بڑا شہ زور تھا یہ بھی، مگر قسمت کا ہیٹا تھا

اگر کچھ عقل ہوتی رام چندرجی لڑتے کیوں؟

یہ ظالم اپنی ہمت دیکھتے، اتنا اکڑتے کیوں؟

ہے رامائن میں لکھا حال لنکا پر چڑھائی کا

تھی راون کی تباہی بس نتیجہ اس لڑائی کا

زمانہ آج تک فتح کی خوشیاں مناتا ہے

لڑائی کا تماشا ہر برس سب کو دکھایا ہے

ابھی آئیں گے سیتا، رام چندر اور لچھمن بھی

یہ کاغذ کے جو ہیں پُتلے بنے گی خوب گت ان کی

فتیلے کو جلا کر وہ اُن کو لگا دیں گے

دسہرے کو جلا کر خاک کریں گے مٹا دیں گے

لگی جب آگ دونوں کو تو گولے خوب چھوٹیں گے

ڈریں گے تھر دِلے، اِک دوسرے پر آکے ٹوٹیں گے

❀ ❀ ❀

بھکاری

جب شام کی سیاہی آجائے آسماں پر
اِک کالی کالی چادر ، چھا جائے ہر مکاں پر

جب رات ہو اندھیری ،چھائی ہوئی گھٹا ہو
بجلی چمک رہی ہو ، بادل گرج رہا ہو

جب گھر کے روزنوں سے ، بوچھار مینہ کی آئے
طوفان زور پر ہو ، باہر کوئی نہ جائے

سب لوگ کب ہوں بیٹھے ، دروازے بند کرکے
بچے دبک گئے ہوں ، ماں کی بغلی میں ڈر کے

بیٹھی ہوں بیوہ مائیں بچے گلے لگائے
بیٹے جو ہیں سفر میں ، ان پر نظر جمائے

ہو زور کی لڑائی ، پانی میں اور ہوا میں
کچھ بھی نہ دے سنائی ، پرنالوں کی صدا میں

اس وقت ایک لڑکا کمزور اور لاغر
تم کو دکھائی دے گا پھرتا ہوا سڑک پر

- - - - -

بالکل پھٹے پرانے کچھ چیتھڑے ہیں تن پر
بہتا ہے مینہ کا پانی سوکھے ہوئے بدن پر

- - - - -

بھیگے ہوئے ہیں کپڑے ، پانی ٹپک رہا ہے
دروازے پر کھڑے ہے حسرت سے تک رہا ہے

- - - - -

یہ وقت رات کا ہے ، اور رات ہے ڈراؤنی
اس وقت تم کو اُس پر ، لازم ہے مہربانی

- - - - -

اے پیارے ننھے بچو ، بیٹھے ہو تم گھروں میں
خوش ہو رہے ہو کیسے ، دُنیا کی نعمتوں میں

- - - - -

اپنے سے کچھ بچا کر ، دے دو اسے نوالا
خوش تم پہ اس سے ہوگا ، اللہ دینے والا

❖ ❖ ❖

پہلی رات کا چاند

آہاہا ! اچھی اماں چاند نکلا
نظر آتا ہے کیسا پیارا پیارا !
ہیں نوکیں اس کی پتلی اور چمک دار
بھلا لگتا ہے مجھ کو یہ نظارا

بہت پتلا سا ، ننھا سا ، ذرا سا
ہمیشہ کاش یہ ایسا ہی رہتا !
ہمیشہ اس طرح دیتا دکھائی
نہ بڑھتا اور بس اتنا ہی رہتا

اگر اِک روز میں جاتا یہاں سے
تمہیں اور دوستوں کو ساتھ لے کر
اُچھلتا ، کودتا ، اڑتا ، اڑاتا
یوں ہی بس جا پہنچتا آسماں پر

وہاں اس چاند پر مَیں بیٹھ جاتا
بہت ہنستا خوشی سے پھولتا میں
پکڑ کر اس کی دونوں پیاری نوکیں
ہوا میں میں خوب جھولا جھولتا میں

بچوں کی نظمیں - حفیظ جالندھری

ستاروں کو ڈپٹ کر پھر یہ کہتا
ذرا ہٹ جاؤ میرے سامنے سے
نہیں تو کھاؤ گے اِک ایسی ٹھوکر
لڑھک جاؤ گے نیچے گر پڑو گے

کسی نے آج تک دیکھا نہ ہوگا
یہ جیسا خوش نما جھولا ہے میرا
یہاں تک جھولتا اس میں کہ آخر
وہیں پر مجھ کو ہو جاتا سویرا

وہاں سے پھر میں یہ بھی دیکھ لیتا
کہ دن کے وقت جاتا ہے کہاں چاند !
مجھے گھر اپنے لے جاکر سناتا
سب اپنی میٹھی میٹھی لوریاں چاند

میں نیلے آسماں کی سیر کرتا
چمکے بادلوں میں گھومتا میں
لگاتا گرد سورج کے بھی چکّر
خوشی سے کھیلتا اور جھومتا میں

وہاں سے پھر دھنک کو دیکھتا جب
جب جس کے رنگ کھلتے ہیں نظر میں
بس اُس کے راستے سے پیاری اماں !
اتر آتا میں فوراً اپنے گھر میں

دیوالی

شہروں میں سب زرداروں نے ‎ صرافوں اور سناروں نے
مفلس نے دولت والوں نے ‎ بزّازوں نے بقّالوں نے
بازار کے کاروباریوں نے ‎ اور منڈی کے بیوپاریوں نے
حلوائیوں اور بساطیوں نے ‎ سب اُونچی نیچی جاتیوں نے
ایک ایک دُکان سجائی ہے ‎ لو پھر دیوالی آئی ہے
جھولی میں پچھمی لائی ہے

— — — — —

ہر اِک نے مکاں کو صاف کِیا ‎ کاغذات سے چھتوں کو غلاف کِیا
سب گرد غبار اُڑا ڈالے ‎ فرشوں سے داغ مٹا ڈالے
برتن بھی دھوئے کھلونے بھی ‎ اور بٹّے ڈھیّے پَونے بھی
منڈیروں پر دیواروں پر ‎ اور بیٹھکوں پر چوباروں پر
رنگین قلعی پھروائی ہے ‎ لو پھر دیوالی آئی ہے
جھولی میں پچھمی لائی ہے

— — — — —

دیوار پہ نقش و نگار کیے ‎ پردے بھی نئے تیار کیے
جھاڑ اور فانوس بنائے ہیں ‎ اور کنڈوں میں لٹکائے ہیں
سیتا اور رام کی مُورتیں بھی ‎ رادھا اور کرشن کی صورتیں بھی
لچھمن بھی دھنش کو اٹھائے ہوئے ‎ ارجن ہتھیار سجائے ہوئے
ہر اِک تصویر لگائی ہے ‎ لو پھر دیوالی آئی ہے
جھولی میں پچھمی لائی ہے

— — — — —

دیکھو ہے کیسی بھیڑ لگی!   دُکانوں پر حلوائیوں کی
اُف توبہ کتنا ریلا ہے!   حلوائی ہے یا میلہ ہے؟
بھر بھر کے تھال جلیبی کے   اور کچھ تازہ امرتی کے
بن بن کے باہر آتے ہیں   اور خالی ہوتے جاتے ہیں
لاؤ لاؤ کی دُہائی ہے   لو پھر دیوالی آئی ہے
جھولی میں لچھمی لائی ہے

چاندی ہے آج کمہاروں کی   وہ گشت میں ہیں بازاروں کی
کچھ ٹوکروں میں مٹی کے دِیے   باقی ہیں گدھوں پر ساتھ لیے
سب سودا کرتے جاتے ہیں   اور جیبیں بھرتے جاتے ہیں
غرضیکہ خوب کمائی ہے   لو پھر دیوالی آئی ہے
جھولی میں لچھمی لائی ہے

رکھے ہیں دِیے منڈیروں پر   سرسوں کے تیل سے بھر بھر کر
روئی کی بتیاں ڈالی ہیں   باہر بھی ذرا سی نکالی ہیں
شام آئے گی تو جلائیں گے   اس رات کی شان دکھائیں گے
سہ پہر سے بچوں بالوں کو   ان اپنے گھر کے اُجالوں کو
پوشاک نئی پہنائی ہے   لو پھر دیوالی آئی ہے
جھولی میں لچھمی لائی ہے

لو شام کا وقت بھی آ ہی گیا ہلکا سا اندھیرا چھا ہی گیا

بادل کا دامن سُرخ ہوا مغرب کا گلشن سُرخ ہوا

بازاروں کی رونق بڑھنے لگی میلے کی ندی چڑھنے لگی

سب لوگ چراغ لٹکانے لگے قندیلیں بھی لٹکانے لگے

اب اصلی شان دکھائی ہے لو پھر دیوالی آئی ہے

جھولی میں کچھمی لائی ہے

اب روشنیوں کا ظہور ہوا ہر ایک مکاں پُر نور ہوا

اب سارا شہر چراغاں ہے خورشید کی طرح درخشاں ہے

ہر آنگن ایسا روشن ہے اِک روشنیوں کا گلشن ہے

اہا ! کیا خوب نظارے ہیں فانوس نہیں ہیں تارے ہیں

کیا عمدہ جوت جگائی ہے لو پھر دیوالی آئی ہے

جھولی میں کچھمی لائی ہے

بازار میں بھیڑ بھڑکا ہے ہر جانب دھکم دھکّا ہے

ایک ایک کے اُوپر پلتا ہے کھوے سے کھوا چھلتا ہے

اس جگ مگ سے حیران بھی ہیں واقف بھی کچھ انجان بھی ہیں

چندھیا کر بھیڑ میں پھنستے ہیں گرتے ہیں گِر کر ہنستے ہیں

دیہات کی خلقت آئی ہے لو پھر دیوالی آئی ہے

جھولی میں کچھمی لائی ہے

❀ ❀ ❀

بھائی کی یاد

ابّا کو ابھی لکھ دو ، بھیجیں مرے بھائی کو
جاتا ہوں اکیلا میں ، مکتب میں پڑھائی کو

بھیّا سے نہیں بڑھ کر ، یاں دوست کوئی میرا
اب اس کے بغیر امّی ، لگتا نہیں جی میرا
بھیّا کو منگا بھیجو
خط لکھ کے بُلا بھیجو

سہ پہر کو مل کر ، ہم کھیلنے جاتے تھے
خوش ہوتے تھے ہنستے تھے، پھولے نہ سماتے تھے
ایک دوسرے کے پیچھے ، وہ دوڑنا سڑکوں پر
چھوٹا تھا مگر مجھ سے ، بڑھ جاتا تھا وہ اکثر
بھیّا کو منگا بھیجو
خط لکھ کے بُلا بھیجو

ہر صبح سویرے ہی ہم باغ میں جاتے تھے
ہر قسم کے پھولوں سے گلدستے بناتے تھے
پتوں میں کبھی چھپنا آگے کبھی بڑھ جانا
اس پیڑ پہ چڑھ جانا اس پیڑ پہ چڑھ جانا

بھیّا کو منگا بھیجو
خط لکھ کے بُلا بھیجو

وہ جھاڑیوں کے پیچھے چھپ جانا مرا جا کر
وہ شور مچا دینا بھیّا کا مجھے پا کر
ہنستے ہوئے جھاڑی سے وہ میرا نکل پڑنا
پھر باغ کے سبزے پر دونوں کا پھسل پڑنا
بھیّا کو منگا بھیجو
خط لکھ کے بُلا بھیجو

جب مدرسے کے لڑکے آتے تھے بُلانے کو
اتوار کو ندی پر جاتے تھے نہانے کو
اِک مرتبہ پھسلن میں پاؤں مرا پھسلا تھا
بھیّا وہاں مجھ کو گرنے سے بچایا تھا
بھیّا کو منگا بھیجو
خط لکھ کے بُلا بھیجو

اب اُس سے کسی شے پر، ہرگز نہ اڑوں گا میں
وہ مجھ سے لڑے چاہے، اُس سے نہ لڑوں گا میں
آجائے تو مَیں اس کو، فٹ بال بھی دے دوں گا
اور اپنا وہ ریشم کا رومال بھی دے دوں گا
بھیّا کو منگا بھیجو
خط لکھ کے بُلا بھیجو

تاروں بھری رات

لو رات آئی

دُنیا پہ چھائی

نیندوں نے آکر ، ڈالا ہے ڈیرا

آنکھوں میں ایسا ، کاجل بکھیرا

سارے جہاں میں

چھایا اندھیرا

اکثر گھروں کی ہے روشنی گُل

کھیت اور جنگل تاریک بالکل

انسان، حیوان

جاں دار، بے جان

چُپ ہو رہے ہیں ، یا سو رہے ہیں

لو رات آئی

دُنیا پہ چھائی

اے سونے والو!

چادر ہٹالو

دیکھو فلک پر روشن ہیں تارے

چہرے ہیں ان کے کیا پیارے پیارے

ہیں قابلِ دید

ان کے نظارے

بچّوں کی نظمیں - حفیظؔ جالندھری

ہے آسماں بھی ، کیا صاف ستھرا !
اِک نیلی نیلی ، چادر ہے گویا
جس پر سجی ہے
بیٹھی ہوتی ہے
پُر نُور محفل ، مسرور محفل
اے سونے والو
چادر ہٹا لو

- - - - -

ہے یہ نظارا
دن سے بھی پیارا
اِک کھیت ہے یہ ، جس میں خدا نے
دنیا کی خاطر ، بوئے ہیں دانے
اور چاہتا ہے
سورج اُگانے

یا سائباں پر ، ہیرے جڑے ہیں
یا چھت پہ موتی ، بکھرے پڑے ہیں
یا ایک لشکر
میداں کے اندر
اُتر ہے آ کر ، شمعیں جلا کر
دن سے بھی پیارا
ہے یہ نظارا

- - - - -

ہے کیا چمک دار
تاروں کا دربار
پھیلے ہوئے ہیں ، تارے ہی تارے
رہتے ہیں یوں تو ، خاموش سارے

کرتے ہیں لیکن
باہم اشارے
ندی کے اندر ، منہ دیکھتے ہیں
اور دل ہی دل میں خوش ہو رہے ہیں
دریا کی لہریں
پانی کی نہریں
کیا سچ رہی ہیں ، تاروں بھری ہیں
ہے کیا چمک دار
تاروں کا دربار

اے پیارے تارو!
شب کے ڈلارو!
ہاں صبح تک تم ، چمکے ہی جاؤ
بھٹکے ہوؤں کو ، رستے دکھاؤ
ہم کو بھی ایسی
خدمت سکھاؤ
نیکی کریں ہم ، اور نام چمکے
تاروں کی مانند ، ہر کام چمکے
ہم کو سلیقہ
آ جائے ایسا
دنیا کو ہم سے آرام پہنچے
اے پیارے تارو!
شب کے ڈلادو!

❀ ❀ ❀

دُنیا کا نگہبان

ہمتے فرشتے جانتے ہیں کہ پیدا کرنے والا پالنے والا خدا ہے اور دُنیا کی ہر حالت کو دیکھ رہا ہے۔

سبھی کُچھ خدا نے بنایا ہے بھائی

ہے اُس کی نگاہوں میں ساری خدائی

یہ جوشِ رنگ پھول اور پھل پیارے پیارے

یہ دن اور سُورج ، یہ رات اور تارے

یہ آگ اور مٹّی ، ہوا اور پانی

سبھی کُچھ خدا کی ہے یہ مہربانی

کوئی چیز اندر رکھی ہے کہ باہر

سمندر کی تہہ میں ہے یا ہے زمین پر

ہر اِک شے پہ میرے خدا کی نظر ہے

وہ سب جانتا ہے اُسے سب خبر ہے

مرے دل کی باتوں کو وہ جانتا ہے

اِرادوں کو بھی خوب پہچانتا ہے

اُجالا ہو یا چھا رہا ہو اندھیرا

ہے اُس کی نظر میں ہر اِک کام میرا

نگہبانِ اِنسان ، حیوان کا ہے

وہ جاں دار بے جان سب کا خدا ہے

وہ سب کُچھ بُرا اور بھلا دیکھتا ہے

خدا دیکھتا ہے خدا دیکھتا ہے

❊❊❊

ہمارا وطن

وطن کی محبت ایک ہوا ہے ۔ جس باغ میں چلتی ہے ۔ وہاں سبزہ لہلہاتا ہے ۔ کلیاں مُسکراتی ہیں ۔ غنچے کھلتے ہیں ۔ اور بلبلیں ترانے گاتی ہیں ۔

وطن نام ہے جس کا ہندوستاں   وطن جس کی تعریف جنّت نشاں

کہیں اس میں پربت کہیں ندیاں   کہیں اس میں صحرا کہیں گلستاں

یہی ہے یہی ہے ہمارا وطن

ہمارا وطن پیارا وطن

کہیں شہر بستے بساتے ہوئے   کہیں کھیت ہیں لہلہاتے ہوئے

پرندے کہیں چہچہاتے ہوئے   چرندے کہیں دندناتے ہوئے

ہے سب کے دلوں کو گوارا وطن

ہمارا وطن پیارا وطن

کہیں پربتوں کی ہیں اونچائیاں   کہیں ساگروں کی ہیں گہرائیاں

اُدھر بن کی خاموش تنہائیاں   اِدھر مَن کی موج اور شہنائیاں

دِکھاتا ہے کیسا نظارا وطن

ہمارا وطن پیارا وطن

جہاں بھیڑ بکری کے ریوڑ چریں   جہاں گائیں بھینسیں جگالی کریں

جہاں آدمی کام پر دل دھریں   جہاں نعمتیں پیٹ سب کا بھریں

بنے کیوں نہ جی کا سہارا وطن

ہمارا وطن پیارا وطن

ہمارے وطن کی ہیں باتیں بھلی   یہ دن ہیں سہانے یہ راتیں بھلی

یہ جلسے بھلے یہ براتیں بھلی   بھلائی کی سب واردا تیں بھلی

بھلا ہے یہ سارے کا سارا وطن

ہمارا وطن پیارا وطن

خدا کی عبادت

نماز اور حج ، یاترا اور پوجا
عبادت کا ہر اک طریقہ ہے اچھا
ہے ان سے بھی اچھی غریبوں کی سیوا
کہ سیوا سے ملتا ہے راحت کا میوا
یہی ہے خدا کی عبادت یہی ہے

گرنتھ اور انجیل ، وید اور قرآں
ہیں نیکی کے فرمان ان سب میں یکساں
ہو سکھ یا مسیحی کہ مسلماں ہے
لازم ہو انساں کا ہمدرد انساں
یہی ہے خدا کی عبادت یہی ہے

شریفوں کی عزت ، ضعیفوں کی خدمت
جو کمزور ہوں اُن کی پوری حمایت
جو ہمسائے ہوں اُن سے ہر دم مروّت
یہ باتیں ہیں ملتی ہے جن سے مسرّت
یہی ہے خدا کی عبادت یہی ہے

عبادت ہے بھوکوں کو روٹی کِھلانا
عبادت ہے پیاسوں کو پانی پلانا

کسی کے بُرے وقت میں کام آنا
نہ کرنا بھلائی میں حیلہ بہانا
یہی ہے خدا کی عبادت یہی ہے

یتیموں کا بیواؤں کا حق دلانا
اگر ہو مخالف بھی سارا زمانا
بزرگوں کا بوجھ اپنے سر پر اُٹھانا
مصیبت زدہ شخص پر رحم کھانا
یہی ہے خدا کی عبادت یہی ہے

ادب اپنے ماں باپ کا کرتے رہنا
دُکھے جس سے دل ایسی باتیں نہ کہنا
ہر اپنے پرائے کا دُکھ درد سہنا
سعیدہؔ یہی لڑکیوں کا ہے گہنا
یہی ہے خدا کی عبادت یہی ہے

اپاہج کی، اندھے کی امداد کرنا
مُصیبت کے ماروں کا دل شاد کرنا
وطن کو مُصیبت سے آزاد کرنا
یہ سب کرکے اللہ کو یاد کرنا
یہی ہے خدا کی عبادت یہی ہے

❖❖❖

بچوں کی نظمیں - حفیظ جالندھری   گلو بے سلور جوبلی سیریز

آئی سردی آئی سردی

ہندوستان میں گرمی ہو یا سردی ۔ برسات ہو یا بہار ہر موسم اپنی پوری شان کے ساتھ آتا ہے۔ یوں تو ہم سب موسم کے اتار چڑھاؤ کا چرچا کرتے رہتے ہیں لیکن کام کاج میں ہمیں اپنے موسم کا اصلی لطف اٹھانے کی فرصت کہاں ۔ جس طرح بچے موسم کا مزہ لیتے ہیں اور اس کا تذکرہ کرتے ہیں، وہ بات ہمیں کہاں نصیب!

آیا اکتوبر کا مہینہ ### بھاگے گرمی اور پسینہ

رونق ختم پہاڑوں کی ہے ### آمد آمد جاڑوں کی ہے

گزرا آخر کار نومبر ### آگیا ٹھنڈا ٹھار دسمبر

پتے ٹھٹھرے چھائی زردی ### آئی سردی آئی سردی

آئیں ہوائیں ٹھنڈی ٹھنڈی ### روئی کی بنوا لو بڈی

تو شک اور لحاف نکالو ### اِک دو اور نئے بنوا لو

روئی آئی دُھنیا آیا ### دُھنک دُھنک کا شور مچایا

کیسا اچھا راگ ہے سنئے

واہ رے دُھنئے واہ رے دُھنئے

کشمیری سوداگر آئے ### پٹو، کمبل، دُھسّے لائے

دولت والے شال خریدیں ### دوسرے سستا مال خریدیں

دولت والے شال میں خوش ہیں ### مفلس اپنی کھال میں خوش ہے

بزّازوں کی اب ہے چاندی ### پچھمی ہوئی گھر کی باندی

جتنا اونی مال منگایا ### سردی نے سارا بکوایا

کوئی کھٹو ہے کہ نکھٹو ### کشمیرے پر دل ہے لٹو

درزی کے بھی بھاگ ہیں جاگے ### کام ہی کام ہے پیچھے آگے

چلتی ہیں دن رات مشینیں ### اک دو کیا چھے سات مشینیں

بچّوں کی نظمیں - حفیظ جالندھری ۔ گلُو کے سلوَر جوبلی سیریز

پھر نہیں ہوتا وعدہ پورا

رہ جاتا ہے کام ادھورا

سردی ہے اب بڑھتی جاتی سُن سی ہے اک چڑھتی جاتی

ننّھے منّے بھائی بہنو گرم پہنو جرابیں پہنو

جس دم گھر سے باہر نکلو کپڑے خوب پہن کر نکلو

خوب پڑھو اور خوب ہی کھیلو کھاؤ، پیو، دوڑو، ڈنڈ پیلو

لکھنے پڑھنے کے یہ دن ہیں

پھولنے بڑھنے کے یہ دن ہیں

پستہ کشمش اور خُوبانی لائے ہیں آغا افغانی

لال انار بھی ہیں قندھاری ہینگ کی بھی ہے ایک پٹاری

چہرے سیب کی صورت تازہ تن پر کپڑے بے اندازہ

چوڑے چکلے بھاری بھر کم

لڑنے بھڑنے میں سب رستم

کشمیری مزدور بچارے گھر سے بھاگتے بھوک کے مارے

کرتے پھرتے ہیں مزدوری شاید کچھ پڑ جائے پوری

بھاری بوجھ اٹھانے والے شلغم چاول کھانے والے

ہر دم چائے پینے والے چائے پی پی جینے والے

ان کا وطن دنیا سے بہتر جس میں ہے ہر چیز میسّر

اپنا پھل اور اپنے غلّے کیوں نہیں رکھتے اپنے پلّے

سب کچھ ہے جب ملک میں ان کے

چلتے پھرتے ہیں کیوں تنکے

اترے ہیں گلُّو کے گڈی چاند کے پربت نالے ندی

پیٹھ پہ باندھے کے ڈلو پھل کے آئے ہیں کیا دور سے چل کے

کلّو کا نگڑہ، منڈی چمبا ڈلو سب کا ٹوکرا لمبا

نیچے پھلِ پکّے کچّے اوپر ننھے گڈی بچّے

کیا اچھا ہے گڈن مائی

کس ترکیب سے بچے لائی

اے لو اور اب بڑھ گیا جاڑا بارش نے ہے جھنڈ گاڑا

بجلی بارش تند ہوائیں دھائیں دھائیں، سائیں سائیں

خوش لیکن دہقان ہے اس سے فصل نے پائی جان ہے اس سے

خیر اب مینہہ نے پیچھا چھوڑا دھوپ سے سب نے رشتہ جوڑا

دھند نے لیکن ڈالے ڈیرے کیسے نکلیں صبح سویرے

یہ دیکھو اِک نیا نظارہ حوض کا پانی جم گیا سارا

سب کو دیکھ کے ہے حیرانی

اوپر شیشہ نیچے پانی

صحن کے اندر بچے بالے کیا پھرتے ہیں پھولے پھالے

فرکوٹ اور کنٹوپ پہن کر دوڑتے پھرتے ہیں بَن تَن کر

خالہ سے کہتے ہیں خالو ننھے ہیں یا چھوٹے بھالو

بچے کیا اب سیانے سیانے پہنے پھرتے ہیں دستانے

ہڈی تک جب پالا جائے کیسے ہاتھ نکالا جائے

مونہوں سے بھاپ نکلتی بھاپ ہے اپنے آپ نکلتی

پھک پھک شن شن، پھک پھک شن شن

بن گئے اب ہم ریل کے انجن

مہربانی

بچوں کی طبیعت یوں تو کھیل کود اور خوش رہنے کی طرف مائل رہتی ہے ۔لیکن چونکہ اُن کا دل بہت پاکیزہ ہوتا ہے ۔اس لیے جب بھی کسی کو دُکھ اور تکلیف میں دیکھتے ہیں تو اُن کا دل بھر آتا ہے ۔وہ دوسروں پر بہت دل سے مہربانی کرتے ہیں ۔اور ہر کسی کی مدد کو تیار رہتے ہیں ۔

جب شام کی سیاہی آجائے آسماں پر، اِک کالی کالی چادر، چھا جائے آسماں پر

جب رات ہو اندھیری چھائی ہوئی گھٹا ہو، بجلی چمک رہی ہو، بادل گرج رہا ہو

جب گھر کے زوروں سے بوچھاڑ مینہ کی آئے، طوفان زور پر ہو، باہر نہ کوئی جائے

سب لوگ جب ہوں بیٹھے دروازے بند کر کے، بچے دبک گئے ہوں ماں کی بغل میں ڈر کے

بیٹھی ہو بیوہ مائیں بچے گلے لگائے، بیٹھے جو ہیں سفر میں، اُن پر نظر جمائے

ہو زور کی لڑائی پانی میں اور ہوا میں، کچھ بھی نہ دے سنائی، پرنالوں کی صدا میں

اُس وقت کوئی بھی گھر سے اگر ہو باہر، کتا بھی ہو تو ہم کو، آتا ہے رحم اُس پر

پھر ہو اگر وہ انساں بیمار اور لاغر، گھر ہو نہ گھاٹ جس کا پھرتا ہے سڑک پر

کچھ چیتھرے پُرانے پہنے ہوئے بدن پر، بہتا ہو مینہ کا پانی سوکھے ہوئے بدن پر

بھیگے ہوئے ہوں کپڑے پانی ٹپک رہا ہو، ہر ایک گھر کے در پر حسرت سے تک رہا ہو

یہ رات کا اندھیرا یہ بجلیاں ڈراتی، ایسے میں اُس بشر پر لازم ہے مہربانی

ابا سے کہہ کے اِس کو، گھر میں بلائیں گے ہم، آرام سے بٹھا کر، کھانا کھلائیں گے ہم

دُکھ د ز اور مصیبت، دیکھیں جو دوسروں میں، ہم کیوں پُنجت ہو کر، بیٹھے رہیں گھروں میں

کھائیں گے بانٹ کر، ہم اپنا ہر اک نوالا، خوش اِس سے ہم پہ ہو گا، اللہ دینے والا

ہم کو ہمارے دل نے یہ بات ہے بتائی، انسان جس قدر ہیں، سارے میں بھائی بھائی

دُکھیا کو دیکھ کر ہم، بچکے نہیں رہیں گے

خود بھی مدد کریں گے، ابا سے بھی کہیں گے

دُھنیا

گھر میں دُھنیے بلایا گیا ہے ۔ تا کہ سردی کے لئے نئے لحاف تو شکلیں بھر والی جائیں ۔ آپ کو نئی بات ہاتھ لگی ہے ۔ دُھنکی کی آواز کے ساتھ اچھل رہے ہیں ۔ دُھنکی ہوئی روئی پر کود نے کو تیار ہیں ۔ وہ تو عقل بھی ساتھ ساتھ ہے جو روک رہی ہے ۔ ورنہ آپ ایک لوٹ لگاتے اور دُھنکی ہوئی روئی کو خراب کر ڈالتے ۔ دُھنکی سے روئی اُبھرتی جاتی ہے اور آپ کو خیال آتا ہے کہ روئی کا وزن بھی بڑھ رہا ہے ۔ واہ رے عقل !

فندک فندک فندک فک

دُھنک دُھنک دُھن دُھنک دُھنک

تانت بجی اور نکلا راگ

روئی بنی صابن کا چھاگ

کیسی چھنتی جاتی ہے

بادل بنتی جاتی ہے

کتنا ڈھیر ہوا آہا !

میں اِس ڈھیر پہ کودوں گا

کوئی چوٹ نہ آئے گی

روئی مگر دب جائے گی

اِتّی روئی اِتنا ڈھیر

ہوئی باراں تیراں سیر

لے اب روئی ہوگئی صاف

بھر لے تکیے اور لحاف

ان سے سب سُکھ پاتے ہیں

اوڑھتے اور بچھاتے ہیں

ملتا ہے سب کو آرام

واہ رے دُھنیے تیرا کام !

واہ ری دُھنکی دُھنک دُھنک

فِندک فِندک فَک فَک فَک

❖❖❖

مچھلیوں کے ماسٹر جی

ابا جان دوستوں کے ساتھ مچھلیوں کے شکار کو گئے ۔ شام کو خالی ہاتھ واپس آئے ۔ ہم نے پوچھا مچھلیاں بولے کچھ بھی نہیں ۔ پوچھا،کیا دریا میں مچھلیاں نہیں تھیں ؟ جواب دیا، تھیں کیوں نہیں ، ہزاروں تھیں لیکن پھنسی ایک بھی نہیں ۔ معلوم ہوتا ہے مچھلیاں بڑی چالاک ہو گئی ہیں ۔ کیچے سے کھا جاتی ہیں ۔ کانٹے کو ذرا نہیں چھوتیں ۔ نالائقوں نے ہمارا سارا دن ضائع کردیا ۔ ہم نے کہا، واہ وہ تو بڑی لائق مچھلیاں تھیں ۔ آپ خواہ مخواہ اُن کو کہتے ہیں ۔ اباجی نے کہا حیرانی تو یہ ہے کہ ان کو غذا کھا جانے اور کانٹے سے بچ جانے کی ترکیب کیسے آئی ۔ ہم نے کہا مچھلیوں کا کوئی اُستاد ہوگا جس نے ان کو یہ باتیں سکھا رکھی ہوں گی ۔ اباجی بہت ہنسے اور کہا، بھئی سعیدہ تم نے یہ مچھلیوں کے اُستاد کی ایسی بات کہی ہے کہ اس پر نظم لکھنے کو جی چاہتا ہے ۔ چنانچہ اباجی نے یہ نظم دوسرے ہی دن ہم کو لکھ دی جس میں بیان کیا ہے کہ مچھلیوں کے ماسٹر جی مچھلیوں کو کس طرح سے سکھاتے پڑھاتے ہیں ۔

ٹنھی ہو تم بچی ہو تم سب عقل کی کچی ہو تم

آؤ مری باتیں سنو چلیں سنو کھاتیں سنو

اُستاد کی ہر بات کو اپنی گرہ میں باندھ لو

جب تم جواں ہو جاؤ گی مچھلی کی ماں ہو جاؤ گی

پھر یاد آئیں گی تمہیں لہریں دِکھائیں گی تمہیں

باتیں ہماری مچھلیو!

اے پیاری پیاری مچھلیو

(۲)

روہو کی بیٹی کان دھر سانول کی بچی آ اِدھر

او نھی مُنّی تو بھی سن او تھن مُٹھنی تو بھی سُن

چوڑے دہانے والیو اور دُم ہلانے والیو

تم بھی سنو چمکیلیو اے کالی نیلی پیلیو

تم کو یہاں پر دیکھ کر ندی پہ جائے اگر

کوئی شکاری مچھلیو؟

اے پیاری پیاری مچھلیو

(۳)

جب وہ کنارے بیٹھ کر ڈوری کو پھینکے گا اِدھر

ننھے سے کانٹے پر چڑھا ہوگا مزے کا کپچوا

لپکوگی تم سب بے خبر اِک تر نوالہ جان کر

کانٹا مگر چبھ جائے گا بس حلق میں کھب جائے گا

تڑپوگی اور گھبراؤگی لیکن سبھی پھنس جاؤگی

تم باری باری مچھلیو!

اے پیاری پیاری مچھلیو

(۴)

جب کپچوا کھا جاؤ تم بس لوٹ کر آجاؤ تم

لیکن ذرا سا چھیڑ دو کانٹے کی پتلی ڈور کو

سرکنڈا جب کھینچ آئے گا دھوکا شکاری کھائے گا

سمجھے گا پھنس گئی کھینچنے گا ہنسی ڈور کی

پھر شکل اُس کی دیکھنا ہوتی ہے کیسی دیکھنا

وہ بے قراری مچھلیو!

اے پیاری پیاری مچھلیو

(۵)

اب وہ بہت جھلائے گا چیخے گا اور چلائے گا

پھر کپچوے پر کانٹے میں بھرتا جائے گا

تم بھی اُسی ترکیب سے کھاتی ہی جانا کپچوے

آخر شکاری ہارکر اُٹھے گا دل کو مارکر

حیلہ گری رہ جائے گی ساری دھری رہ جائے گی

تھیلی پٹاری مچھلیو!

اے پیاری پیاری مچھلیو

❖

پنساری کا گیت

گھر کے قریب ہی پڑوس میں ایک چھوٹا سا مکان ہے جس میں ایک بیوہ اور اس کی بیٹی اور ننھا سا بچہ ہے۔ بیوہ بیچاری آفت کی ماری چکی پیس کر اپنا اور اپنے بچوں کا پیٹ پالتی ہے۔

بیوہ کی بیٹی اپنی ماں کی ہر طرح مدد کرتی ہے۔ چکی پیسنے میں بھی ہاتھ بٹاتی ہے۔ ننھے بھائی کو بھی کھلاتی بہلاتی ہے۔ محلے کی دوسری لڑکیوں کو ان سے بڑی ہمدردی ہے۔ یہ گیت اسی ہمدردی اور دل سوزی کا اظہار ہے!

چکیا گھمر گھمر کرتی ہے ، چکیا گھمر گھمر کرتی ہے

ماں بیٹی بیٹھی ہیں دونوں پیس رہی ہیں آٹا

آٹا پیس کے اِن دونوں نے اپنا دُکھ ہے کاٹا

اِک نے پھیر سے ہاتھ نکالا اِک نے گالا ڈالا

اِس محنت کو دیکھ رہا ہے روزی دینے والا

چکیاں گھمر گھمر کرتی ہے چکیاں گھمر گھمر کرتی ہے

روٹی بیاج ہے محنت مول

محنت سے کھلتے ہیں پھول

چکر کھاتی جاتی ہے کیا چکی ہاتھوں ہاتھ

دونوں مل کر گاتی بھی جاتی ہیں ساتھوں ساتھ

روزی دینے والے رکھنا اِس محنت کی لاج

تیرے ہی محتاج ہیں داتا تیرے ہی محتاج

روٹی بیاج ہے محنت مول
محنت سے کھلتے ہیں پھول

آٹا ہے کیا خوب مہین
کیوں ہوتی ہے تو غمگین

اچھی بیٹی لے اب آٹا چھنی لے کر چھان
مَیں ننھے کو دودھ پلا لوں ننھا ہے نادان

اچھی اماں دم لے لے مَیں تجھ پر واری جاؤں
آٹے والی کے گھر جا کر تول کے میں دے آؤں
کیوں ہوتی ہے تو غمگین
آٹا ہے کیا خوب مہین

❖❖❖

تتلی

باغ میں گھوم رہے تھے کہ ننھی ننھی خوبصورت تتلیاں اڑتی دیکھیں ۔ اب ان کی تاک میں ہیں ۔ رنگ رنگ کی تعریف کر رہے ہیں ۔ تتلیوں کی ترت پھرت اڑان پسند ہے ۔ چاہتے ہیں تتلی کو پکڑ لیں لیکن یہ بات ذرا مشکل ہے ۔

تتلی اہا جی تتلی رنگین اور چتلی

ننھی سی بھولی بھالی پھولوں سے بھی نرالی

باغوں میں رہنے والی

رنگت پروں کی گہری کچھ سرخ کچھ سنہری

دونوں پردوں میں دھاری قدرت نے ہے سنواری

لگتی ہے کیسی پیاری

پہنی ہے تنگ کُرتی اس پر غضب کی پھُرتی

پَل میں اگر یہاں ہے دیکھو تو پھر وہاں ہے

بتلاؤ اب کہاں ہے ؟

دیکھو وہ جا رہی ہے اے لو وہ آ رہی ہے

پھولوں کے پاس آئی مگر نہ بیٹھی

پھر اس طرف کو پلٹی

اب چپکے چپکے جاؤں اس کو پکڑ کے لاؤں

چکر لگا رہا ہوں اس کو تھکا رہا ہوں

پھرتی دِکھا رہا ہوں

اُف تیز ہے یہ کتنی ہے تتلی یا کہ فتنی

اِک تاک بھی جمائی پھر دَوڑ بھی لگائی

لیکن نہ ہاتھ آئی

اِک تو نہیں بہت ہیں یہ ہر کہیں بہت ہیں

پَر اِن کے پیارے پیارے جن پر کھلے ہیں تارے

دیتے ہیں کیا نظارے

دیکھو تو ڈھنگ اِن کے جانچو تو رنگ اِن کے

بالکل سفید کوئی اِک زرد اِک گلابی

اِک آتشی پیازی

ننھی سی جان اِن کی یہ آن بان اِن کی

یہ موہنی سی مورت ہے کتنی خوبصورت

اللہ تیری قدرت!

❖❖❖

گلاب کا پھول

آپ خود بھی پھول ہیں اور پھولوں ہی سے آپ کو زیادہ لگاؤ ہے۔ گلاب کے پھول کی قدردانی آپ نہ کریں تو کون کرے۔

ابھی ابھی مینہہ برس چکا ہے — اور آسماں صاف ہوگیا ہے

چلو چمن کی بہار دیکھیں — گلوں کے نقش و نگار دیکھیں

ہرے بھرے پیڑ اور پودے — کھڑے ہیں کیا پاک صاف ستھرے

زمین پر فرش گھاس کا ہے — کھلے پھول کیا پیارے پیارے

حسین اور مہ جبین سارے — کوئی ہے لال اور کوئی پیلا

کوئی سفید اور کوئی نیلا — کہیں پہ بیلا کہیں چنبیلی

کہیں ہے سوسن کہیں ہے جوہی — کہیں پہ گیند کھلا ہوا ہے

اگرچہ ہر پھول خوشنما ہے — گلاب سب سے مگر جدا ہے

گلاب ہے، سب میں خوبصورت — گلاب سے ہے چمن کی زینت

تمام پھولوں سے تیز خوشبو — اسی کی پھیلی ہوئی ہے ہر سو

اسی سے گلشن مہک رہا ہے — ہیں دیکھ کر اس کو دنگ سارے

کہ اس کے پیارے ہیں رنگ سارے — سفید، زرد، آتشی، پیازی

مگر گلابی ہے رنگ اصلی — گلاب پھولوں کا بادشہ ہے

اسی پہ ہر ایک کی نگہ ہے — اسی کو ہر ایک چاہتا ہے

عرق اسی کا نکالتے ہیں — جسے دواؤں میں ڈالتے ہیں

تمام عطروں سے عطر اسی کا بنا ہے — ہے محبوب ہر کسی کا

مگر اسے شاخ سے نہ توڑے

ہٹو ہٹو بھائی چھوڑو چھوڑو

کہ اس میں کانٹا لگا ہوا ہے

مدرسے کا ایک ہی کمرہ

ماسٹر جی باہر گئے ہیں

ماسٹر جی گئے ذرا باہر
اب نظر کیا رہے کتابوں پر

دل ہی دل میں سارے لڑکے شاد
گویا قیدی تھے اب ہوئے آزاد

اب کتابیں کہاں سبق کس کا
پڑھنا وڑھنا خیال سے کھسکا

ایک ہنستا ہے ایک گاتا ہے
اور اِک چٹکیاں بجاتا ہے

ایک بیٹھے ہی بیٹھے سوتا ہے
اور اِک جھوٹ موٹ روتا ہے

مشورے کر رہے ہیں دو باہم
آؤ چپکے سے اٹھ کے چل دیں ہم

ایک گوشے میں گولیاں کھیلیں
یا گراؤنڈ میں چل کے ڈنڈ پیلیں

کاپی اِک جلد جلد بھرتا ہے
دوسرا اس سے نقل کرتا ہے

گھر سے لائے نہیں ہیں کرکے سوال
ماسٹر جی سے اب کریں گے چال

اِک نے باندھا ہے گال پر رومال
تاکہ پوچھیں نہ اس سے کوئی سوال

داڑھ کے درد کا بہانا ہے
چھٹی لینی ہے گھر کو جانا ہے

ساتھ باتیں بھی ہوتی جاتی ہیں
شوخ گھاتیں بھی ہوتی جاتی ہیں

ایک کہتا ہے نظم یاد نہیں
ماسٹر صاحب نہ آجائیں کہیں

یوں ہی ٹرخاؤں گا سنیں گے جب
آتا واتا مجھے نہیں مطلب

معنی مجھ کو سمجھاتے جانا تم
چپکے چپکے بتاتے جانا تم

اور جغراف، چپ ارے چپ کر!
میم الف سین اس، ٹر رے ٹر!

ماسٹر جی کے آجانے پر

جھٹ مل گئی سب کو خبر — ایسے اشارے ہو گئے

استاد کا منہ دیکھ کر — چپ چاپ سارے ہو گئے

اب اس طرح خاموش ہیں — گویا کبھی بولے نہ تھے

آنکھیں اٹھائی ہی نہ تھیں — اور لب کبھی کھولے نہ تھے

اب ہیں کتابیں سامنے — باہم نگہ ملتی نہیں

ہیں بھاگنے والے بھی چپ — اب اُن کو رہ ملتی نہیں

اب داڑھ بھی دُکھتی نہیں — اب درد سارا تھم گیا

ہاں ہاتھ ہے لیکن وہیں — گویا وہیں پر جم گیا

چہرے کتابوں سے چھپے — ساری زبانیں چپ ہوئیں

چٹکی وہیں پر رہ گئی — سیٹی کی تانیں چپ ہوئیں

اب کاپیاں گم ہوگئیں — اب نقل چل سکتی نہیں

استاد سے گویا کوئی — اب عقل چل سکتی نہیں

یہ ننھے منھے سے جو ہیں — شوخی میں حضرت ایک ہیں

صورت تو دیکھو آپ کی — گویا بہت ہی نیک ہیں

دل میں شرارت ہے بھری — دم سادھ رکھے ہیں مگر

دیکھو پھر اس کی شوخیاں — استاد پھر جائے اگر

❧ ❧ ❧

چلو بیر کھائیں

چلو آج چھٹی منانے چلیں
کسی باغ میں بیر کھانے چلیں

کہیں ہے کوئی پیڑ کوئی کہیں
بہت سے ہیں لیکن اکٹھے نہیں

عجب گوندنی سے لٹکے ہیں بیر
ہیں ایک ایک ڈالی پر دس بیس سیر

کوئی سبز پیلا کوئی ، کوئی لال
جھکی بوجھ سے اُن کے ایک ایک ڈال

لدی خوب بیروں سے ہیں بیریاں
وہ رکھوالے کرتے ہیں پھیریاں

پرندوں کی کرتے ہیں یہ روک تھام
غلیل اور غلّے سے لیتے ہیں کام

بوں پر ہے غُل ہاتھ میں ہے غلیل
مگر پھر بھی طوطوں کی ہے ریل پیل

اِدھر سے اُڑ ائے اُدھر چل دیئے
ہٹے اِس سے اُس پیڑ پر چل دیئے

پرندوں میں طوطوں کو بھاتے ہیں بیر
بڑے ہی مزے سے یہ کھاتے ہیں بیر

ہیں طوطوں سے رکھوالے ڈرتے بہت
اِسی سے ہیں رکھوالی کرتے بہت

یہ کھاتے بھی ہیں اور گراتے بھی ہیں
اِسی باعث اِن کو ہتکاتے بھی ہیں

ہتکائیں نہ اِن کو تو پھر کیا کریں
وہ کھا یا کریں اور یہ دیکھا کریں؟

درختوں پہ ہیں ٹین باندھے ہوئے
ملاتے ہیں رسّی سے اُن کو کھڑے

جونہی ٹین کھڑکا یہ جھٹ اُڑ گئے
جدھر منہ اٹھا بس اُدھر مڑ گئے

اُدھر سے ہٹے تو اِدھر آ گئے
پرندوں سے رکھوالے گھبرا گئے

پھر آتے ہیں تو بول اٹھتے ہیں گل
ہہا ہہاہا! کا پچھتا ہے غل

اِدھر پکے پکے اُتارے ہیں بیر
بہت ہی بڑا اِک لگایا ہے ڈھیر

چلو مول لیں بیر اور خوب کھائیں
جو کھانے سے بچ جائیں گھر لے کے جائیں

مناسب تو یہ ہے کہ زیادہ نہ کھائیں
کہ ایسا نہ ہو بیر کھانسی لگائیں

❧ ❧ ❧

جنگل کا شہزادہ

کسان لڑکے کی تعریف تو ہو چکی ۔ اب آپ کی نظر گوالے لڑکے پہ پڑی ہے ۔ یہ اور بھی زیادہ دلچسپ معلوم ہو رہا ہے ۔ گائے، بھینسوں کا ریوڑ ارد گرد چگ چگ رہا ہے ۔ آپ کنہیا بنے ہوئے ہنسی بجا رہے ہیں ۔ پھر کیوں ان کی تعریف میں قصیدہ نہ لکھا جائے ۔

دیکھوں جنگل کا شہزادہ   بانکا ترچھا سیدھا سادہ

اپنے گاؤں کا ہے گوالا   گائے بھینسوں کا رکھوالا

رنگت کالی کالی اس کی   صورت بھولی بھالی اس کی

باندھ رکھی ہے ایک لنگوٹی   معمولی سی بالکل چھوٹی

شانوں پر ایک کملی ڈالے   اک لکڑی ہاتھوں میں سنبھالے

سر پر پھینٹا سا بے ڈھنگا   باقی سارا پنڈا ننگا

اٹھتا ہے یہ صبح سویرے   کرتا ہے گھر گھر کے پھیرے

کٹڑے بچھڑے بھینسیں گائیں   گابھن اور بچھڑوں کی مائیں

اس لڑکے کو جانتی ہیں سب   اس کی صدا پہچانتی ہے سب

سن کے اس کا اک للکارا   چل دیتا ہے گلہ سارا

نور کا تڑکا وقت سہانا   رستے میں پھر اس کا گانا

اسی طرح یہ ڈنگر سارے   لے جاتا ہے ندی کنارے

گھاس وہاں چرتی ہیں گائیں   پھرتی ہیں کھاتی ہیں ہوائیں

ناچتا ہے اور گاتا ہے یہ   بانسری خوب بجاتا ہے یہ

چڑھ جاتا ہے پیڑ کے اوپر دیکھتا ہے ندی کا منظر
جب گرمی کچھ بڑھ جاتی ہے دھوپ زیادہ چڑھ جاتی ہے
ڈھوروں کو ہے گھیر کے لاتا سائے میں ہے ان کو بٹھاتا
کملی بچھاکر پیڑ کے نیچے بیٹھتا ہے یہ روٹی کھانے
روکھی سوکھی کھا لیتا ہے بھوک کی آگ بجھا لیتا ہے
ندی کا پھر پانی پی کر لیٹتا ہے کملی کے اوپر
نیند اسے جھٹ آجاتی ہے لوری دے کے سلا جاتی ہے
نور کا دن جب ڈھل جاتا ہے پیڑ کا سایہ ٹل جاتا ہے
اٹھتا ہے انگڑائی لے کر اور اک آدھ جمائی لے کر
کھودتا ہے یہ گھاس بہت سی رکھ لیتا ہے کرکے اکٹھی
گائیں بھی اب چر چکتی ہیں پیٹ کا دوزخ بھر چکتی ہیں
ندی میں یہ نہاتا ہے پھر گائیں آکے ہنکاتا ہے پھر
منہ سے بجاتا ہے اک سیٹی آجاتی ہیں گائیں ساری
گھاس کا گٹھڑ سر پر لے کر اپنا آستر بستر لے کر
گاؤں کو چل دیتا ہے پھر راہ میں تانیں لیتا ہے پھر
چڑیاں جب لیتی ہیں بسیرا شام کا ہو جاتا ہے اندھیرا
ایک انوکھا اور دولھا بن کر
آتا ہے یہ گاؤں کے اندر

❈ ❈ ❈

تندرستی

جتنی ہو بھوک تم کو زائد نہ اُس سے کھاؤ

کھاؤ غذا بھی سادہ اُجلا لباس پہنو

بڑھتا ہے خون اِس سے آتی ہے خوب طاقت

اور چیز کیا ہے طاقت طاقت ہے تندرستی

کمرہ ہو صاف سُتھرا ہر چیز ہو مُصفا

کمرے میں داخلہ ہو دھوپ اور روشنی کا

یہ انتظام دے گا دل کو تمھارے فرحت

اور چیز کیا ہے فرحت فرحت ہے تندرستی

پڑھ لکھ چکو تو اُٹھو باہر نکل کے کھیلو

میداں میں دوڑو ، بھاگو ، ڈنڈ خوب خوب پیلو

دِل خوش رہے گا ہر دم قائم رہے گی صحت

اور چیز کیا ہے صحت صحت ہے تندرستی

ہرگز نہ سُست رہنا چالاک چُست رہنا

ہر وقت تم کو لازم ہے تندرست رہنا

ہر کام کے لیے تم پھر کر سکو گے ہمت

اور چیز کیا ہے ہمت ہمت ہے تندرستی

اچھے وہی ہیں لڑکے ورزش کریں جو تڑکے

بیماریوں کے اُن کو ہرگز نہیں ہیں دھڑکے

ہر دم برس رہی ہے اُن پر خدا کی رحمت

اور چیز کیا ہے رحمت رحمت ہے تندرستی

❀❀❀

بچّوں کی نظمیں - حفیظؔ جالندھری

کفایت شعاری

لیجیے! بچوں نے اپنا بینک بنانے کی ٹھان لی ۔ سچ ہے خالی خولی سبق سے کیا فائدہ، عمل سے بھی کام لینا چاہیے ۔ خدا کرے یہ ارادہ پورا ہو جائے ۔

زمین نے اٹھا کیا قطرہ قطرہ   تو جاری ہوا اُس کے سینے سے چشمہ

یہ چشمہ بڑا بن گیا بڑھ کے دریا   ہوئے جس سے سیراب کھیت اور صحرا

اِسی طرح اب یہ ہے مرضی ہماری

ہمیشہ کریں ہم کفایت شعاری

اگر گھر سے ہم ایک آنہ بھی پائیں   تو لازم ہے اِس میں سے پیسہ بچائیں

یہی بھائی بہنوں کو بھی ہم سکھائیں   کہ پیسوں کا اِک بینک مل کر بنائیں

نکالی ہے کیسی یہ ترکیب نیاری

ہمیشہ کریں ہم کفایت شعاری

ہوں اس بینک کے سارے بچے ہی ممبر   یہ ممبر ہوں سب مرتبے میں برابر

اِنہی ممبروں میں سے ہوں ڈائریکٹر   جو لائق ہو سب سے بنے وہ مینجر

کہ مینجری ہے بڑی ذمہ داری

ہمیشہ کریں ہم کفایت شعاری

ہے اسکول کے پاس ہی ڈاکخانہ   وہاں جمع کرتے رہیں یہ خزانہ

ہمیں چاہئے کام وہ کر دِکھانا   کہ حیران رہ جائے سارا زمانہ

نمونہ ہو بچوں کی ایمان داری

ہمیشہ کریں ہم کفایت شعاری

حساب اور پڑتال بھی ہے ضروری رکھیں گے نہ ہم بات کوئی ادھوری
جو محنت کریں گے وہ کھائیں گے پکوڑی مناسب ہے محنت کریں پوری پوری
یہی کام سارا یہی بات ساری
ہمیشہ کریں ہم کفایت شعاری

بتایا کفایت کا گر ہم نے کیسا اگر جمع کرتے رہیں پیپا پیپا
تو شاید کبھی وقت آجائے ایسا بنے بینک امپیریل بینک جیسا
خزانہ بنے مل کے یہ ریزگاری
ہمیشہ کریں ہم کفایت شعاری

بری بات ہے قرض لینے کی عادت ہمیں تو نظر آتی ہے اس میں ذلّت
رقم جمع رکھیں اگر کر کے بچت کریں خرچ اس کو پڑے جب ضرورت
تو اس میں ہے کوئی نہ ذلّت نہ خواری
ہمیشہ کریں ہم کفایت شعاری

❖❖❖

مانو بلی کا سبق

بی ننھی سلیٹ پر حساب سیکھتی ہیں ۔ مانو بلی سے بڑی دوستی ہے ۔ مانو کو ہی بلا کر گود میں بٹھا لیا ہے، آستانی بنی ہوئی ہیں ۔ جس طرح خود سیکھا ہے، مانو بلی کو بھی سکھانا چاہتی ہیں ۔

اچھا اب پنجوں کو سمیٹ   یہ ہے پنسل اور سلیٹ

جو کچھ لکھوں دیکھتی جا   میں نے کیا لکھا ہے؟ بتا!

اِک دو تین ، ہوئے پھے بس   چار ملا کر بن گئے دس

دس اور دس ہوتے ہیں بیس   بیس اور بیس ہوئے چالیس

بیس ہوں اور تو بن گئے ساٹھ   اب اِن میں سے نکالے آٹھ

اچھا مانو ! تو بتلا!   رہتا ہے اب باقی کیا؟

گونگی کیوں ہے منہ کھول   سر سے کھیل زبان سے بول

اتنی بھی نہیں تجھ کو سوجھ بوجھ   آسان سی بات ہے بوجھ!

'میاؤں میاؤں' کرتی ہے   پڑھنے سے کیوں ڈرتی ہے؟

اچھا میں بتلاتی ہوں   بات تجھے سمجھاتی ہوں

دودھ بھرے کوزے میں ساٹھ   خالی تو نے کر دیے آٹھ

باقی باون ہیں کہ نہیں؟

کیوں بی مانو ، اب سمجھیں؟

❖ ❖ ❖

سپاہی بنو تم

شجاعت کا پرچم اڑاتے چلو تم   وطن کے لیے جاں لڑاتے چلو تم

نشاں دشمنوں کا مٹاتے چلو تم   ظفر کا ترانہ سناتے چلو تم

کشاکش ہی اک جاودانی خوشی ہے

کہ تلوار کی چھاؤں میں زندگی ہے

ہے ہستی تمہاری وطن کی امانت   وطن کی امانت میں ہو کیوں خیانت

ہے خونِ جری زندگی کی ضمانت   ہے مظلوم کی تم پہ لازم اعانت

کشاکش ہی اک جاودانی خوشی ہے

کہ تلوار کی چھاؤں میں زندگی ہے

نہیں زندگی کی ادا جاودانی   ہے انسان فانی خدا جاودانی

نہ ڈر موت سے ہے قضا جاودانی   ہے جنگ و جدل میں بقا جاودانی

کشاکش ہی اک جاودانی خوشی ہے

کہ تلوار کی چھاؤں میں زندگی ہے

بنو موت کے ہم نگاہی بنو تم   چلو جادۂ حق کے راہی بنو تم

اٹھو نازیت کی تباہی بنو تم   اٹھو ہند والو سپاہی بنو تم

کشاکش ہی اک جاودانی خوشی ہے

کہ تلوار کی چھاؤں میں زندگی ہے

❖❖❖

وطن کے سپاہی چلے جا رہے ہیں

دلوں میں ہے جوش اور سینوں میں جرأت

مقاصد میں ہمت ارادوں میں رفعت

ٹپکتی ہے ہر اک ادا سے شجاعت

نگاہوں میں جذبات لہرا رہے ہیں

وطن کے سپاہی چلے جا رہے ہیں

امنگوں میں بیتاب شعلے ہیں رقصاں

ہے چہروں سے عزمِ مصمّم نمایاں

جواں ولولوں کا دماغوں میں ہیجاں

عزیزوں کو کرکے خدا کے حوالے

اٹھا کر سناں ، تیغ ، بندوق ، بھالے

غم و خوف مرنے کا دل سے نکالے

عدو پر جھپٹنے کو بل کھا رہے ہیں

وطن کے سپاہی چلے جا رہے ہیں

خدا اِن سپوتوں کو رکھے سلامت

انہی سے ٹلے گی غریبوں کی شامت

یہی ڈھائیں گے دشمنوں پر قیامت

ہم ان سورماؤں پہ اِترا رہے ہیں

وطن کے سپاہی چلے جا رہے ہیں

❖❖❖

وطن کا سپاہی

ارادے میں لے کر عدو کی تباہی   وطن کا سپاہی ہو آج راہی

یہ بشاش چہرہ یہ عالی نگاہی   تیری رحمتوں کے سہارے الٰہی

چلا جا رہا ہے وطن کا سپاہی

وطن کا یہی بازو سے تیغ زن ہے   یہی باغبانِ بہارِ چمن ہے

یہ آہن جگر ہے یہ فولاد تن ہے   اسی کا چلن آبروئے وطن ہے

چلا جا رہا ہے وطن کا سپاہی

نشہ حوصلے کا نگاہوں پہ طاری   اکیلا بھی دشمن کے لاکھوں پہ بھاری

بصد جاں فروشی ، بصد جاں سِپاری   لگانے کو دشمن پر اک ضرب کاری

چلا جا رہا ہے وطن کا سپاہی

زباں پر ہیں جوشِ وفا کے ترانے   نظر میں بزرگوں کے زندہ فسانے

زمانے سے جاپانیوں کو مٹانے   وطن کی شجاعت کا سکّہ بٹھانے

چلا جا رہا ہے وطن کا سپاہی

اگر یہ آرزو ہے چمن میں رنگ و بو رہے   تمہارا ذکر دوستو، جہاں میں کو بکو رہے

تو عین کارزار میں ہر ایک شہسوار میں   یہ جوش ہو بھرا ہوا وطن کی آبرو رہے

چلا جا رہا ہے وطن کا سپاہی

❖ ❖ ❖

چلو سرفروشو!

ہوا چل رہی ہے ستم رانیوں کی   ہے بھارت پہ یلغار جاپانیوں کی

جوانی پچھاور کریں ہم وطن پر   ضرورت وطن کو ہے قربانیوں کی

چلو سرفروشو ! بگل بج چکا ہے

تمہیں آزمانے کا وقت آگیا ہے   جوانی مٹانے کا وقت آگیا ہے

کفن باندھ کر سر سے نکلو دلیرو   وطن کو بچانے کا وقت آگیا ہے

چلو سرفروشو ! بگل بج چکا ہے

ہے خطرے میں اس وقت عزت وطن کی   بلاتی ہے تم کو محبت وطن کی

تمہارے ہی دم سے ہے قائم جہاں میں   یہ غیرت وطن کی شجاعت وطن کی

چلو سرفروشو ! بگل بج چکا ہے

صداقت کا پھر بول بالا کریں ہم   کہ تاریکیوں میں اُجالا کریں ہم

پچھاور کریں گے اگر جان و دولت   تو عظمت وطن کی دو بالا کریں ہم

چلو سرفروشو ! بگل بج چکا ہے

❧ ❧ ❧